柳宗元文集

【中华国学经典精粹】

（双色版）

[唐] 柳宗元 著
彭嘉敏 注

Beijing United Publishing Co.,Ltd.
北京联合出版公司

图书在版编目（CIP）数据

柳宗元文集 /（唐）柳宗元著；彭嘉敏注. —北京：北京联合出版公司，2018.3（2018.10 重印）
（中华国学经典精粹）
ISBN 978-7-5596-1521-3

Ⅰ. ①柳… Ⅱ. ①柳… ②彭… Ⅲ. ①唐诗—诗集②古典散文—散文集—中国—唐代 Ⅳ. ①I214.232

中国版本图书馆CIP数据核字（2018）第007872号

柳宗元文集
作　　者：柳宗元
选题策划：宿春礼
责任编辑：牛炜征
封面设计：新纪元工作室
版式设计：新纪元工作室
责任校对：吕凯丽

北京联合出版公司出版
（北京市西城区德外大街83号楼9层　100088）
三河市龙大印装有限公司　新华书店经销
字数：130千字　787毫米×1092毫米　1/32　5印张
2018年10月第2版　2018年10月第2次印刷
ISBN 978-7--5596-1521-3
定价：19.80元

本书若有质量问题，请与本公司图书销售中心联系调换。
电话：010-82865588

前言

柳宗元，字子厚，河东人，世称为柳河东、河东先生，又因官终柳州刺史，又称柳柳州。柳宗元是唐代知名文学家、哲学家、散文家和思想家，“唐宋八大家”之一，与韩愈并称为“韩柳”，与刘禹锡并称为“刘柳”，与王维、孟浩然、韦应物并称为“王孟韦柳”，在我国古代文学史上享有极高的名望。

柳宗元出身官宦世家，在少年时期，就以文藻优美而闻名，入朝为官后，积极投身于政治革新中。政治革新失败后，柳宗元的仕途受到了前所未有的打击，先是被贬谪为永州司马（今湖南永州），归京后不久，再次被贬谪至柳州，并病逝于此。柳宗元仕途上的磨难，为他的文学创作提供了非常多的素材。贬谪期间，柳宗元经历了许多常人无法想象的痛苦与折磨，官场上政敌的不断打压，统治者无法赏识导致的郁郁不得志，其间的所闻所感所想，都奠定了他文学作品中的现实意义。

柳宗元的作品大多由唐代文学家刘禹锡保存编成集，得以流传。他一生中留下诗文作品多达600余篇，诗歌大多抒发自己郁郁不得志的心情，或者思乡思亲，形成独特的风格，其中以闲适山水最为出众。本书主要收录了柳宗元的散文、寓言、论说、传记、游记等类别中最为著名的作品篇目。

柳宗元的散文与韩愈齐名，是我国历史上杰出的散文家之一。唐代中期，韩柳二人发起古代文学史上著名的“古文运动”，提出“文道合一”“以文明道”，要求文章抛弃空洞华丽，追求实际意义，用文章来反映现实。二人提出的“不平则鸣”，也让柳宗元的散文作品富有强烈的批判精神。柳宗元的寓言，善于描写事物，惟妙惟肖的描写中，思想精神得到充分的体现，堪称后世经典。柳宗元的哲学论著中包含着朴素的唯物主义思想，其论说观点鲜明、论据充分，是我国哲学史与文学史上的一座高山。以《永州八记》为典型代表的山水游记，将人与大自然之间的关系描写得活灵活现，寥寥几笔，优美的山水就能跃然纸上，是我国目前文学教育国学板块中，不可或缺的教学篇目，几乎尽人皆知，被后世反复传诵。

柳宗元在我国古代文学史上占有非常重要的地位，他的仕途坎坷不平，但正是这些坎坷和磨难，奠定了他文学作品中难以复制的文学理念和文学精神。无论是辛辣讽刺的散文，饱含哲学思维的论说，还是美不胜收的闲适山水，以及篇幅虽短却字字珠玑的寓言，都是文学史上不可多得的文学瑰宝，值得我们不断学习与传诵。

目录

卷一　赋

佩韦赋并序 / 001
瓶赋 / 002
牛赋 / 003
解祟赋并序 / 004
惩咎赋 / 005
闵生赋 / 007
梦归赋 / 009
囚山赋 / 011
愈膏肓疾赋 / 011

卷二　论

封建论 / 013
四维论 / 020
天爵论 / 021
守道论 / 022
辩侵伐论 / 023
六逆论 / 024

卷三　议辩

晋文公问守原议 / 026
驳复雠议 / 027
桐叶封弟辩 / 029
辩列子 / 030
辩文子 / 031
论语辩二篇 / 031
辨鬼谷子 / 033
辩晏子春秋 / 033
辩亢仓子 / 034
辩鹖冠子 / 034

卷四　记

始得西山宴游记 / 035
钴鉧潭记 / 037
钴鉧潭西小丘记 / 038
至小丘西小石潭记 / 039
袁家渴记 / 040

石渠记 / 042
石涧记 / 043
小石城山记 / 043
永州韦使君新堂记 / 045

卷五　传

种树郭橐驼传 / 046
宋清传 / 049
童区寄传 / 050
梓人传 / 052
蝜蝂传 / 054

卷六　说

天说 / 055
捕蛇者说 / 057
谪龙说 / 059
罴说 / 059
鹘说 / 060
观八骏图说 / 061

卷七　文

骂尸虫文并序 / 062
宥蝮蛇文并序 / 064
憎王孙文 / 066
哀溺文并序 / 067
吊屈原文 / 068
乞巧文 / 071

卷八　箴戒

戒惧箴 / 075
忧箴 / 075
师友箴并序 / 076
敌戒 / 076
三戒并序 / 077

卷九　序

序饮 / 079
序棋 / 080
柳宗直西汉文类序 / 082
送薛存义之任序 / 083
送从弟谋归江陵序 / 084
送僧浩初序 / 086
愚溪诗序 / 087
读韩愈所著毛颖传后题 / 089
送崔群序 / 090

卷十　书

答韦中立论师道书 / 091
报袁君陈秀才避师名书 / 094
报崔黯秀才论为文书 / 095

与友人论为文书 / 096
与太学诸生喜诣阙
留阳城司业书 / 098
贺进士王参元失火书 / 101
答严厚舆秀才
论为师道书 / 102

卷十一　表

为裴中丞贺克东平赦表 / 104
为刘同州谢上表 / 105

卷十二　非国语

非国语序
非国语上（三十一篇）
灭密 / 107
不藉 / 107
三川震 / 108
料民 / 109
神降于莘 / 110
聘鲁 / 111
叔孙侨如 / 112
郤至 / 112
柯陵之会 / 113
晋孙周 / 114
谷洛斗 / 115
大钱 / 115
无射 / 116
律 / 117
城成周 / 117
问战 / 118
跻僖公 / 119
莒仆 / 119
仲孙它 / 119
羵羊 / 120
骨节专车　楛矢 / 120
轻币 / 121
卜 / 121
郭偃 / 122
公子申生 / 122
狐突 / 123
虢梦 / 123
童谣 / 124
宰周公 / 124
荀息 / 124
非国语下（三十六篇）
狐偃 / 125
舆人诵 / 126
葬恭世子 / 126
杀里克 / 127

获晋侯 / 127
庆郑 / 128
乞食于野人 / 128
怀嬴 / 129
箴 / 129
董因 / 130
命官 / 130
仓葛 / 131
观状 / 131
救饥 / 131
赵宣子 / 132
伐宋 / 132
钼麑 / 133
祈死 / 133
长鱼矫 / 134
戮仆 / 134
叔鱼生 / 134
逐栾盈 / 135
新声 / 135
射鹖 / 135
赵文子 / 136
医和 / 136
黄熊 / 137
韩宣子忧贫 / 137
围鼓 / 138
具敖 / 138
董安于 / 139
祝融 / 139
褒神 / 140
嗜芰 / 141
祀 / 141
左史倚相 / 142
伍员 / 142
跋 / 143

卷十三　碑

箕子碑 / 143
湘源二妃庙碑 / 145
曹溪第六祖
赐谥大鉴禅师碑 / 146
唐故特进赠开府仪同三司
扬州大都督南府君
睢阳庙碑　并序 / 148

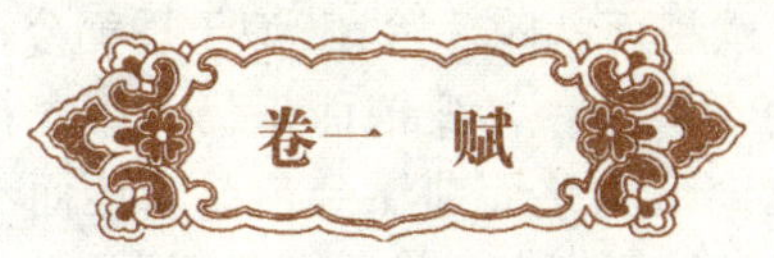

佩韦赋并序

【原文】

柳子读古书，睹直道守节者即壮之，盖有激也。恒惧过而失中庸之义，慕西门氏佩韦以戒，故作是赋。其辞曰：

邈予生此下都兮，块天质之悫[1]醇。日月迭而化升兮，浸遁初而枉神。雕大素而生华[2]兮，汩末流以丧真。睎往躅而周章兮，懵[3]倚伏其无垠。世既夺予之大和兮，眷授予以经常。循圣人之通途兮，郁纵臾[4]而不扬。犹悉力而究陈兮，获贞则于典章。嫉时以奋节兮，悯己以抑志。登嵩丘而垂目兮，瞰中区之疆理。横万里而极海兮，颓风浩其四起。恂惊怛而踯躅兮[5]，恶浮诈之相诡。思贡忠于明后兮，振教导乎遐轨。纷吾守此狂狷兮，惧执竞而不柔。探先哲之奥谟[6]兮，攀往烈之洪休。曰沈潜而刚克[7]兮，固说人之嘉猷[8]。嗟行行[9]而踬踣[10]兮，信往古之所仇。彼穹壤之廓殊兮，寒与暑而交修。执中而俟命兮，固仁圣之善谋。

吾祖士师之直道兮，亦愀然于伐国。尼父戮齐而诛卯兮，本柔仁以作极。蔺疏颜以诮秦兮，入降廉犹臣仆。吉[11]优繇[12]而布和兮，残萑蒲以屏匿。刿[13]拔刃于霸侯兮，退匑匑[14]而畏服。宽与猛其相济兮，孰不颂兹之盛德。克明哲而保躬兮，恢《大雅》之所勖[15]。

阳宅身以执刚兮，率易帅而蒙辜。羽愎[16]心以盭[17]志兮，首身离而不惩。云岳岳而专强兮，果黜志而乖图。咸触屏以拒训兮，肆殒越而就陵。冶讦[18]谏于昏朝兮，名崩弛而陷诛。苟纵直而不羁兮，乃变罹而祸仍。历九折而直奔兮，固摧辕而失途。遵大路而曲辙兮，又求达而不能。广守柔以允塞兮，抵暴梁而坏节。家㧑[19]谦而温美兮，胁子公而丧哲。义师仁而恶很兮，遂溃腾而灭裂。斯委懦以从邪兮，悼上蔡其何补！徐偃柔以屏义兮，倏邦离而身虏。桑弘和而却武兮，涣宗覆而国举。设任柔而自处兮，蒙大戮而不悟。故曰：纯柔纯弱兮，必削必薄；纯刚纯强兮，必丧必亡。韬义于中，服和于躬；和以义宣，刚以柔通。守而不迁兮，变而无穷。交得其宜兮，乃获其终。姑佩兹韦兮，考古齐同。

乱曰：韦之申申，佩于躬兮；本正生和，探厥中兮。哲人交修，乐有终兮；庶寡其过，追古风兮。

【注释】

①悫（què）：诚实，谨慎。②生华：本意是开花，此处是指变得轻浮。③懵：困惑不明的样子。④纵臾：勉强。⑤“恟惊怛”句：忧虑惊恐而徘徊不前。恟（xiōng），忧虑和恐惧。惊怛（dá），惊恐。踯躅（zhí zhú），徘徊不前的样子。⑥谟（mó）：计策，谋略。⑦“沈潜”句：沈潜，深沉含蕴。刚克，用刚强来取胜。⑧嘉猷（jiā yóu）：好策略。⑨行行：刚强的样子。⑩踬踣（zhì bó）：绊倒，比喻遇到挫折。⑪吉：指郑子太叔游吉。⑫繇（yóu）：通“游”。⑬刿：此指曹刿。⑭匑匑（gōng）：恭谨的样子。⑮勖（xù）：勉励。⑯愎（bì）：固执，任性。⑰盭（lì）：乖戾。⑱讦（jié）：揭露他人的隐私或攻击他人的缺点。⑲㧑（huī）：同“挥”，发挥。

瓶赋

【原文】

昔有智人，善学鸱夷[1]。鸱夷蒙鸿，罍罃[2]相追。谄诱吉士，喜悦依随。开喙倒腹，斟酌更持。味不苦口，昏至莫知。颓然纵傲，与乱为期。视白成黑，颠倒妍媸[3]。己虽自售，人或以危。败众亡国，流连不归。谁主斯罪？鸱夷之为。

不如为瓶，居井之眉。钩深挹[4]洁，淡泊是师。和齐五味，宁除渴饥。不甘不坏，久而莫遗。清白可鉴，终不媚私。利泽广大，孰能去之？绠[5]绝身破，何足怨咨！功成事遂，复于土泥。归根反初，无虑无思。何必巧曲，徼觊[6]一时。子无我愚，我智如斯。

【注释】

①鸱夷（chī yí）：特指皮革制的酒囊。②罍罂（léi yīng）：泛指盛酒的器皿。③妍媸（yán chī）：表示美和丑。④挹（yì）：舀，用器具把液体盛出来。⑤绠（gěng）：汲水所用的绳索。⑥徼觊（jiǎo jì）：非常渴望得到。徼，求，求得。

牛赋

【原文】

若知牛乎？牛之为物，魁形巨首。垂耳抱角，毛革疏厚。牟然而鸣，黄钟满脰[1]。抵触隆曦[2]，日耕百亩。往来修直，植乃禾黍。自种自敛，服箱以走。输入官仓，己不适口。富穷饱饥，功用不有。陷泥蹙[3]块，常在草野。人不惭愧，利满天下。皮角见用，肩尻[4]莫保。或穿缄縢[5]，或实俎豆[6]。由是观之，物无逾者。

不如羸驴，服逐驽马。曲意随势，不择处所。不耕不驾，藿菽[7]自与。腾踏康庄，出入轻举。喜则齐鼻，怒则奋踯。当道长鸣，闻者惊辟。善识门户，终身不惕。

牛虽有功，于己何益？命有好丑，非若能力。慎勿怨尤，以受多福。

【注释】

①脰（dòu）：脖子。②隆曦：烈日。隆，丰盛隆厚。曦，太阳。③蹙（cù）：聚拢在一块。④肩尻（jiān kāo）：分别指肩膀、屁股，常常以此代指全身。⑤缄縢（jiān téng）：绳索。⑥俎豆（zǔ dòu）：祭祀。俎和豆，都是祭祀或者飨宴用的礼器。⑦藿菽（huò shū）：豆叶和大豆，泛指豆类。

解祟赋并序

【原文】

柳子既谪，犹惧不胜其口，筮以《玄》[①]，遇《干》之八。其赞曰："赤舌烧城，吐水于瓶。"其测曰："君子解祟也。"喜而为之赋。

胡赫炎薰熇[②]之烈火兮，而生夫人之齿牙。上殚[③]飞而莫遁，旁穷走而逾加。九泉焦枯而四海渗涸[④]兮，纷挥霍而要遮[⑤]。风雷唬唬以为橐籥[⑥]兮，回禄[⑦]煽[⑧]怒而喊呀。炖堪舆[⑨]为甗鏊[⑩]兮，爇[⑪]云汉而成霞。邓林大椿[⑫]不足以充于燎兮，倒扶桑落棠膠輵[⑬]而相叉。膏摇唇而增炽兮，焰掉舌[⑭]而弥葩。沃无瓶兮扑无篲，金流玉铄[⑮]兮，曾不自比于尘沙。独凄己而燠物，愈腾沸而骹峒[⑯]。

吾惧夫灼烂灰灭之为祸，往搜乎《太玄》之奥，讼众正，诉群邪。曰：去尔中躁与外挠，姑务清为室而静为家。苟能是，则始也汝迹，今也汝遐。凉汝者进，烈汝者赊。譬之犹豁天渊而覆原燎[⑰]，夫何长喙之纷拏[⑱]。今汝不知清己之虑，而恶人之哗；不知静之为胜，而动焉是嘉。徒遑遑乎狂奔而西傣[⑲]，盛气而长嗟。不亦迂乎！

于是释然自得，以泠风[⑳]濯热，以清源涤瑕。履仁之实，去盗之夸[㉑]。冠太清[㉒]之玄冕，佩至道之瑶华。铺冲虚以为席，驾恬泊以为车。浏乎以游于万物者，始彼狙雌倏施，而以祟为利者，夫何为耶！

【注释】

①《玄》：《太玄》。西汉扬雄的哲学著作。②熇（xiāo）：灼热的气息。③殚（dān）：用尽、耗尽（气力）。④渗涸：水枯竭。⑤要（yāo）遮：拦截，拦阻。⑥橐籥（tuó yuè）：类似于风箱的助火工具。⑦回禄：传说中的火神，后代指大火、火灾。⑧煽：气势炽盛。⑨堪舆：天地。堪，天道。舆，地道。⑩甗鏊（yǎn ào）：甗和鏊都是炊具。甗类似于现在的蒸笼，分为甑（上部分）和鬲（下部分），甑盛放食物，鬲煮水，水沸腾后的蒸汽可以蒸熟食物。鏊类似于现在的平底锅，由铁制成，圆形结构，中央凸起，用于烙饼。⑪爇（ruò）：烧。⑫大椿：古寓言中的木名。出自《庄子》："上古有大椿者，以八千岁为春，八千岁为秋。"⑬膠輵（gé）：杂乱的样子。⑭掉舌：游说。⑮铄：熔化。⑯骹龋（qiāo kè）：比喻交织不解。骹，胫骨近脚处较细的部分，亦指脚。龋，同"嗑"，用上下门牙咬。⑰原燎：原野上大火延烧。⑱拏（ná）：同"拿"，牵引。⑲傃（sù）：向，向着。⑳泠风：和风。㉑去盗之夸：出自《老子》："是谓盗之夸，非道也哉。"意思是说谋财或获取名利不按照相应的途径，这是不人道的。㉒太清：天道，天空。

惩咎赋

【原文】

惩咎愆以本始兮，孰非余心之所求？处卑污以闵世兮，固前志之为尤。始余学而观古兮，怪今昔之异谋。惟聪明为可考兮，追骏步而遐游。洁诚之既信直兮，仁友蔼而萃之。日施陈以系縻[①]兮，邀尧、舜与之为师。上睢盱[②]而混茫兮，下驳诡而怀私。旁罗列以交贯兮，求大中之所宜。曰道有象兮，而无其形。推变乘时兮，与志相迎。不及则殆兮，过则失贞。谨守而中兮，与时偕行。万类芸芸[3]兮，率由以宁。刚柔弛张兮，出入纶经。登能抑枉兮，白黑浊清。蹈乎大方兮，物莫能婴。

奉讦谟以植内兮，欣余志之有获。再征信乎策书兮，谓炯然而不惑。愚者果于自用兮，惟惧夫诚之不一。不顾虑以周图兮，专兹道以为服。谗妒[4]构而不戒兮，犹断断于所执。哀吾党之不淑兮，遭任遇之卒迫。势危疑而多诈兮，逢天地之否隔[5]。欲图退而保己兮，悼乖期乎曩[6]昔。欲操术以致忠兮，众呀然而互吓。进与退吾无归兮，甘脂润乎鼎镬[7]。幸皇鉴之明宥兮，累郡印而南适。惟罪大而宠厚兮，宜夫重仍乎祸谪。既明惧乎天讨兮，又幽慄[8]乎鬼责[9]。惶惶乎夜寤而画骇兮，类麏麚[10]之不息。

凌洞庭之洋洋兮，溯[11]湘流之沄沄[12]。飘风击以扬波兮，舟摧抑而回邅[13]。日霾曀[14]以昧幽兮，黝云涌而上屯[15]。暮屑窣[16]以淫雨兮，听嗷嗷之哀猿。众鸟萃而啾号兮，沸洲渚以连山。漂遥逐其讵止兮，逝莫属余之形魂。攒峦奔以纡委兮，束汹涌之崩湍。畔尺进而寻退兮，荡洄汩[17]乎沦涟。际穷冬而止居兮，羁累[18]棼以縈缠。

哀吾生之孔艰兮，循《凯风》之悲诗。罪通天而降酷兮，不殛[19]死而生为！逾再岁之寒暑兮，犹贸贸[20]而自持。将沉渊而殒命兮，讵蔽罪以塞祸！惟灭身而无后兮，顾前志犹未可。进路呀以划绝兮，退伏匿又不果。为孤囚以终世兮，长拘挛而辘轲[21]。曩余志之修蹇兮，今何为此戾也？夫岂贪食而盗名兮，不混同于世也。将显身以直遂兮，众之所宜蔽也。不择言以危肆兮，固群祸之际也。御长辕之无桡[22]兮，行九折之峨峨。却惊棹以横江兮，泝凌天之腾波。幸余死之已缓兮，完形躯之既多。苟余齿之有惩兮，蹈前烈而不颇。死蛮夷固吾所兮，虽显宠其焉加？配大中以为偶兮，谅天命之谓何！

【注释】

①縻（mí）：原意为绳索，这里是拴捆之意。②睢盱（huī xū）：睁眼仰望的样子。③芸芸：众多的样子。④妒（dù）：嫉妒。⑤否隔：隔绝不通。⑥曩（nǎng）：过去，从前的。⑦镬（huò）：锅。⑧慄（lì）：忧心忡忡的样子。⑨鬼责：出自《庄子》，意思是鬼神的斥责。⑩麏麚（jūn jiā）：麏，指獐子。麚，公鹿。⑪溯：逆着水流方向走。⑫沄沄（yún）：水流汹涌的样子。⑬邅（zhān）：改变方向。⑭曀（yì）：昏沉而有风，阴暗。⑮屯：聚集。⑯窣（sū）：从穴中突然冒出来，引申为飞跃。⑰汩（gǔ）：水流动的样子。⑱羁累：约束，受束缚。⑲殛（jí）：诛杀，杀死。⑳贸贸：比喻匆忙而看不清的模样。㉑轗轲（kǎn kē）：困顿，不得志。㉒桡（ráo）：弯曲的木头。

闵生赋

【原文】

闵吾生之险阨兮，纷丧志以逢尤。气沉郁以杳眇兮，涕浪浪[①]而常流。膏液竭而枯居兮，魄离散而远游。言不信而莫余白兮，虽遑遑欲焉求？合喙而隐志兮，幽默以待尽。为与世而斥谬兮，固离披以颠陨[②]。骐骥之弃辱兮，驽骀以为骋。玄虬[③]蹶泥兮，畏避蛙黾[④]。行不容之峥嵘兮，质魁垒[⑤]而无所隐。鳞介槁以横陆兮，鸱啸群而厉吻。心沉抑以不舒兮，形低摧而自愍[⑥]。

肆余目于湘流兮，望九疑[⑦]之垠垠。波淫溢以不返兮，苍梧郁其蜚云。重华幽而野死兮，世莫得其伪真[⑧]。屈子之悁[⑨]微兮，抗危辞以赴渊。古固有此极愤兮，矧[⑩]吾生之藐艰。列往则以考己兮，指斗极以自陈。登高岩而企踵兮，瞻故邦之殷辚[⑪]。山水浩以蔽亏兮，路蓊[⑫]勃以扬氛。空庐颓而不理兮，翳[⑬]丘木之榛榛。块穷老以沦放兮，匪魑魅[⑭]吾谁邻？

仲尼之不惑[⑮]兮，有垂训之谟言。孟轲四十乃始持心兮，犹希勇乎黝、贲[⑯]。顾余质愚而齿减兮，宜触祸以阽[⑰]身。知徙善而革非兮，又何惧乎今之人！

噫！禹绩之勤备兮，曾莫理夫兹川[⑱]。殷、周之廓大兮，南不尽夫衡山[⑲]。余囚楚、越之交极兮，邈离绝乎中原。壤污潦以坟洳兮，蒸沸热而恒昏。戏凫鹳[⑳]乎中庭兮，蒹葭[㉑]生于堂筵。雄虺[㉒]蓄形于木杪兮，短狐伺景[㉓]于深渊。仰矜危而俯慄兮，弭日夜之拳挛[㉔]。虑吾生之莫保兮，忝代德之元醇。孰眇躯之敢爱兮，窃有继乎古先。明神之不欺余兮，庶激烈而有闻。冀后害之无辱兮，匪徒盖乎曩愆。

【注释】

①浪浪：流动的样子。②颠陨（diān yǔn）：陨落，衰败。出自《楚辞·天问》："何少康逐犬，而颠陨厥首？" ③虬：无角的龙。④蛙黾（wā měng）：蛙。⑤魁垒：雄壮的样子。⑥愍（mǐn）：同"悯"，怜悯。⑦九疑：山名。⑧伪真：真假。⑨悁：忧愁。⑩矧（shěn）：况且。⑪殷辚（yīn lín）：繁多兴盛的样子，多喻繁盛。⑫蓊（wěng）：草木繁茂，形容枝繁叶茂足以遮荫。⑬翳（yì）：用羽毛制成的遮盖物，挡住。⑭魑魅（chī mèi）：指山林中害人的鬼怪。⑮不惑：不感到迷惑。出自《论语》，"孔子曰：'吾四十而不惑。'" ⑯黝（yǒu）、贲（bēn）：指古代的勇士北宫黝和孟贲。⑰阽（diàn）：危险。⑱兹川：指湘江。⑲衡山：指南岳衡

山。⑳凫鹳：凫，野鸭子。鹳（guàn），一种鸟类，羽毛呈灰白色或黑色，嘴又长又直，貌似白鹤，生活在近江、湖、池沼之地，好捕食鱼虾。㉑蒹葭：指芦荻，芦苇。蒹，没有长穗的芦苇。葭，初生的芦苇。㉒雄虺（huǐ）：出自《楚辞·招魂》："雄虺九首，往来倏忽，吞人以益其心些。"㉓景：通"影"，影子。㉔拳挛：病体扭曲。

梦归赋

【原文】

罹摈斥以窘束兮，余惟梦之为归。精气注以凝沍[1]兮，循旧乡而顾怀。夕余寐于荒陬[2]兮，心慊慊[3]而莫违。质舒解以自恣兮，息愔[4]翳而愈微。欻[5]腾踊而上浮兮，俄滉瀁[6]之无依。圆方混而不形兮，颢[7]醇白之霏霏。上茫茫而无星辰兮，下不见夫水陆。若有钛[8]余以往路兮，驭儗儗[9]以回复。浮云纵以直度兮，云济余乎西北。风缅缅[10]以经耳兮，类行舟迅而不息。洞然于以弥漫兮，虹蜺[11]罗列而倾侧。横冲飙以荡[12]击兮，忽中断而迷惑。灵幽漠以沛汩[13]兮，进怊怅而不得。白日邈其中出兮，阴霾披离以泮释。施岳渎以定位兮，互参差之白黑。忽崩骞上下兮，聊按行而自抑。指故都以委坠兮，瞰乡闾之修直。原田芜秽兮，峥嵘榛棘。乔木摧解兮，垣庐不饰。山嵎嵎[14]以岩立兮，水汩汩以漂激。魂恍[15]惘若有亡兮，涕汪浪以陨轼。类曛黄[16]之黪[17]漠兮，欲周流而无所极。纷若喜而佁儗[18]兮，心回互以壅塞。钟鼓喤[19]以戒旦兮，陶去幽而开寤。罾[20]蔚蒙其复体兮，孰云桎梏[21]之不固？精诚之不可再兮，余无蹈夫归路。

伟仲尼之圣德兮，谓九夷之可居[22]。惟道大而无所入兮，犹流游乎旷野。老聃遁而适戎兮，指淳茫以纵步。蒙庄之恢怪兮，寓大鹏[23]之远去。苟远适之若兹兮，胡为故国之为慕？

首丘[24]之仁类兮，斯君子之所誉。鸟兽之鸣号[25]兮，有动心而曲顾。胶余衷之莫能舍兮，虽判析而不悟。列兹梦以三复兮，极明昏而告诉。

【注释】

①冱（hù）：因寒冷而冻结。②荒陬（huāng zōu）：荒僻的角落。③慊慊（qiàn）：不满足或遗憾的样子。④愔（yīn）：安静祥和的样子。⑤欻（xū）：迅疾。⑥滉瀁（huàng yǎng）：形容水深广的样子。⑦颢（hào）：白色的样子。⑧鉥（shù）：长针；刺。⑨儗儗（nǐ）：相疑，怀疑。⑩缅缅（xǐ）：连绵不绝。⑪虹蜺（ní）：雨后或日出没之际，天空所出现的彩色弧。有内虹、外虹两种，颜色鲜艳的是内虹，即虹；颜色暗淡的是外虹，即蜺。⑫荡：激荡。⑬沚汩（zhì yù）：水流动的样子。⑭嵎嵎（yú）：形容山高。⑮恍：恍惚。⑯曛黄：指黄昏时分。⑰黭（yǎn）：形容没有光亮，黑暗、昏暗的模样。⑱佁儗（chì yì）：迟疑的样子。⑲喤（huáng）：拟声词。形容洪亮的声音。⑳罾（zēng）：古代常见的一种民间渔具，用竹竿或木棍做成支架的方形鱼网。㉑桎梏（zhì gù）：中国古代的两种刑具，后指代一切束缚人类活动发展的障碍。桎，用以束缚脚的器具。梏，用以束缚手的器具。㉒谓九夷之可居：说九夷是可以居住的地方。九夷，古代东方的九个民族，亦指其所居之地。出自《论语》："子欲居九夷。或曰：'陋。'子曰：'君子居之，何陋之有。'"㉓大鹏：又称大鹏鸟，是传说中无比巨大的神鸟，由鲲变化而成。㉔首丘：《礼记》说："狐死正丘首，仁也。"㉕鸟兽之鸣号：出自《礼记》："鸟兽则失丧其群匹，越月逾时焉，则必返巡，过其故乡翔回焉，鸣号焉，蹢躅焉，然后乃能去之。"

囚山赋

【原文】

楚越之郊环万山兮，势腾踊夫波涛。纷对回合仰伏以离迾[1]兮，若重墉[2]之相褒。争生角逐上轶旁出兮，其下坼裂而为壕[3]。欣下颓以就顺兮，曾不亩平而又高。沓云雨而渍厚土兮，蒸郁勃其腥臊[4]。阳不舒以拥隔兮，群阴冱而为曹。侧耕危获苟以食兮，哀斯民之增劳。攒林麓以为丛棘[5]兮，虎豹咆㘎[6]代狴牢之吠嗥。胡井眢[7]以管视兮，穷坎险其焉逃。顾幽昧之罪加兮，虽圣犹病夫嗷嗷。匪兕[8]吾为柙兮，匪豕吾为牢。积十年莫吾省者兮，增蔽吾以蓬蒿。圣日以理兮，贤日以进，谁使吾山之囚吾兮滔滔？

【注释】

①迾（liè）：阻拦。古代帝王外出，派遣武士列队警戒，禁止人们通行。②墉（yōng）：墙，城墙。③壕：堑，壕沟，用以抵御敌人的建筑物。④腥臊：指腥臭的味道，引申指代丑陋的事物。⑤丛棘：用荆棘造成的囚禁之地。⑥咆㘎（hǎn）：虎豹发出的吼叫声。⑦眢（yuān）：废弃的水井。⑧兕（sì）：兽名，犀牛一类。皮厚，可以制甲。

愈膏肓疾赋

【原文】

景公[1]梦疾膏肓，尚谓虚假，命秦缓以候问，遂俯伏于堂下。公曰："吾今形体不衰，筋力未寡，子言其有疾者，何也？"秦缓乃穷神极思，曰："夫上医疗未萌之兆，中医攻有兆之者。目定死生，心存取舍，亦犹卞和献含璞之璧[2]，伯乐相有孕之马[3]。然臣之遇疾，如泥之处埏；疾之遇臣，如金之在冶。虽九窍未拥，四支且安。肤腠[4]营胃，外强中干[5]。精气内伤，神沮脉殚。以热益热，以寒益寒。针灸不达，诚死之端。巫新麦以为谶，果不得其所餐[6]。”

公曰：“固知天赋性命，如彼暄寒，短不足悲，修不足欢。哂彼医兮，徒精厥术，如何为之可观？”医乃勃然变色，攘袂而起：“子无让我，我谓于子：我之技也，如石投水，如弦激矢。视生则生，视死则死。膏肓之疾不救，衰亡之国不理。巨川将溃，非捧土之能塞；大厦将崩，非一木之能止。斯言足以谕大，子今察乎孰是！”

爰有忠臣，闻之愤怨，忘废寝食，擗摽[7]感叹：“生死浩浩，天地漫漫[8]，绥之则寿，挠之则散。善养命者，鲐背[9]鹤发成童儿；善辅弼者，殷辛[10]、夏桀[11]为周、汉。非药曷以愈疾？非兵胡以定乱？丧亡之国，在贤哲之所扶匡；而忠义之心，岂膏肓之所羁绊[12]？余能理亡国之刓[13]弊，愈膏肓之患难，君谓之何以？”

医曰：“夫八纮[14]之外，六合之中，始自生灵，及乎昆虫，神安则存，神丧则终。亦犹道之紊也，患出于邪佞；身之忿也，疾生于火风。彼膏肓之与颠覆，匪药石而能攻者哉！”

因此而言曰：“余今变祸为福，易曲成直。宁关天命，在我人力。以忠孝为干橹[15]，以信义为封殖。拯厥兆庶，绥乎社稷。一言而荧惑退舍，一挥而羲和匪昃[16]。桑谷生庭而自灭，野雉雊[17]鼎而自息。诚天地之无亲，曷膏肓之能极？”医者遂口噤心醉，跼敛[18]茫然，投弃针石，匍匐而前：“吾谓治国在天，子谓治国在贤；吾谓命不可续，子谓命将可延。讵知国不足理，疾不足痊。佐荒淫为圣主，保夭寿为长年。皆正直之是与，庶将来之勉旃[19]！”

【注释】

①景公：春秋时期晋国的君主。晋文公之孙，晋成公之子，

名据。②“卞和”句：指的是和氏献璧的故事。典出《韩非子·和氏》。③“伯乐”句：指的是伯乐相马的故事。相传伯乐是秦穆公时期之人，非常擅长相马。④肤腠（fū còu）：指肌肤。⑤外强中干：泛指外表强大，内在空虚。⑥“巫新麦”二句：有巫师预言（晋景公）无法吃到新麦，果然景公没有尝到这餐饭食。新麦，新收的麦子。谶，迷信的人认为未来会得到应验的预言、预兆。此典故出自《左传·成公十年》，“晋侯梦大厉，被发及地……公觉，召桑田巫，巫言如梦。公曰：‘何如？’曰：‘不食新矣。’……六月丙午，晋侯欲麦，使甸人献麦，馈人为之。召桑田巫，示而杀之。将食，张，如厕，陷而卒。”⑦摽（biào）：捶胸的样子。⑧漫漫：形容漫无边际的样子。⑨鲐背：老人身上生斑恰如鲐鱼纹，故用来泛指老人。鲐（tái）：一种海鱼的种类，身体为纺锤形，背呈青黑或深蓝色。⑩殷辛：《封神传》中的人物。⑪夏桀：历史上著名的暴君，也是夏朝最后一位君主。⑫羁绊：束缚，被缠住不得脱身。⑬刓（wán）：坏，损坏。⑭八纮（hóng）：八方极远之地。⑮橹：大的盾牌。⑯昃（zè）：指太阳偏西的时候。⑰雉雊（zhì gòu）：指雉鸣叫，泛称鸟鸣叫。这里指殷高宗祭祀成汤，野雉落于祭鼎而悲鸣的故事。⑱跼（jú）敛：收敛，束缚。⑲勉旃（zhān）：努力，多用于勉励。

卷二　论

封建[①]论

【原文】

天地[②]果无初乎？吾不得而知之也。生人[③]果有初乎？

吾不得而知之也。然则孰为近？曰：有初为近。孰明之？由封建而明之也。彼封建者，更古圣王尧、舜、禹、汤、文、武而莫能去之[④]。盖非不欲去之也，势不可也。势之来，其生人之初乎？不初，无以有封建。封建，非圣人意也。

彼其初与万物皆生，草木榛榛[⑤]，鹿豕狉狉[⑥]，人不能搏噬，而且无毛羽，莫克自奉自卫[⑦]，荀卿[⑧]有言：必将假物以为用者也[⑨]。夫假物者必争，争而不已，必就其能断曲直者而听命焉。其智而明者，所伏必众；告之以直而不改，必痛之[⑩]而后畏；由是君长刑政生焉。故近者聚而为群。群之分，其争必大，大而后有兵有德。又有大者[⑪]，众群之长又就而听命焉，以安其属，于是有诸侯之列[⑫]。则其争又有大者焉。德又大者，诸侯之列又就而听命焉，以安其封，于是有方伯、连帅之类[⑬]。则其争又有大者焉。德又大者，方伯、连帅之类，又就而听命焉，以安其人，然后天下会于一。是故有里胥而后有县大夫[⑭]，有县大夫而后有诸侯，有诸侯而后有方伯、连帅，有方伯、连帅而后有天子。自天子至于里胥，其德在人者，死必求其嗣而奉之。故封建非圣人意也，势也。

夫尧、舜、禹、汤之事远矣，及有周而甚详[⑮]。周有天下，裂土田而瓜分之，设五等[⑯]，邦群后[⑰]，布履星罗[⑱]，四周于天下，轮运而辐集。合为朝觐会同[⑲]，离为守臣扞城。然而降于夷王，害礼伤尊，下堂而迎觐者[⑳]。历于宣王，挟中兴复古之德[㉑]，雄南征北伐之威[㉒]，卒不能定鲁侯之嗣[㉓]。陵夷迄于幽、厉[㉔]，王室东徙[㉕]，而自列为诸侯矣。厥后，问鼎之轻重[㉖]者有之，射王中肩[㉗]者有之，伐凡伯[㉘]、诛苌弘[㉙]者有之，天下乖盭[㉚]，无君君之心。余以为周之丧久矣，徒建空名于公侯之上耳！得非诸侯之盛强，末大不掉之咎[㉛]欤？

遂判为十二，合为七国[32]，威分于陪臣[33]之邦，国殄[34]于后封之秦。则周之败端，其在乎此矣。

秦有天下，裂都会而为之郡邑，废侯卫而为之守宰[35]，据天下之雄图，都六合之上游，摄制四海，运于掌握之内，此其所以为得也。不数载而天下大坏，其有由矣。亟役万人，暴其威刑，竭其货贿。负锄梃谪戍之徒[36]，圜视而合从，大呼而成群。时则有叛人而无叛吏，人怨于下而吏畏于上，天下相合，杀守劫令而并起。咎在人怨，非郡邑之制失也。

汉有天下，矫秦之枉[37]，徇周之制，剖海内而立宗子，封功臣。数年之间，奔命扶伤之不暇。困平城，病流矢[38]，陵迟不救者三代。后乃谋臣献画[39]，而离削自守矣。然而封建之始，郡邑居半，时则有叛国而无叛郡。秦制之得，亦以明矣。继汉而帝者，虽百代可知也。

唐兴，制州邑，立守宰，此其所以为宜也。然犹桀猾[40]时起，虐害方域者，失不在于州而在于兵，时则有叛将而无叛州。州县之设，固不可革也。

或者曰："封建者，必私其土，子其人，适其俗，修其理，施化易也。守宰者，苟其心，思迁其秩而已，何能理乎？"余又非之。周之事迹，断可见矣。列侯骄盈，黩货事戎。大凡乱国多，理国寡。侯伯不得变其政，天子不得变其君。私土子人者，百不有一。失在于制，不在于政，周事然也。秦之事迹，亦断可见矣。有理人之制，而不委郡邑，是矣；有理人之臣，而不使守宰，是矣。郡邑不得正其制，守宰不得行其理，酷刑苦役，而万人侧目。失在于政，不在于制。秦事然也。汉兴，天子之政行于郡，不行于国；制其守宰，不制其侯王。侯王虽乱，不可变也；国人虽病，不可除也。及夫大逆不道，然后掩捕而迁之，勒兵而夷之耳。大逆未彰，奸利浚财[41]，怙势作威，大刻于民者，无如之何。及夫郡邑，可谓理且安矣。何以言之？且汉知孟舒于田叔[42]，得魏尚于冯唐[43]，闻黄霸[44]之明审，睹汲黯[45]之简靖，拜之可也，复其位可也，卧而委之[46]以辑一方可也。有罪得以黜，有能得以赏。朝拜而不道，夕斥之矣；夕受而不法，朝斥之矣。设使汉室尽城邑而侯王之，纵令其乱人，戚之而已。孟舒、魏尚之术，莫得而施；黄霸、汲黯之化，莫得而行。明谴而导之，拜受而退已违矣。下令而削之，缔交合从之谋，周于同列，则相顾裂眦，勃然而起。幸而不起，则削其半。削其半，民犹瘁矣，曷若举而移之以全其人乎？汉事然也。今国家尽制郡邑，连置守宰，其不可变也固矣。善制兵，谨择守，则理平矣。

或者又曰："夏、商、周、汉封建而延，秦郡邑而促。"尤非所谓知理者也。魏之承汉也，封爵犹建。晋之承魏也，因循不革。而二姓陵替，不闻延祚[47]。今矫而变之，垂二百祀，大业弥固，何系于诸侯哉？

或者又以为："殷[48]、周，圣王也，而不革其制，固不当复议也。"是大不然。夫殷、周之不革者，是不得已也。盖以诸侯归殷者三千焉，资以黜夏，汤不得而废；归周者八百焉，资以胜殷，武王不得而易。徇之以为安，仍之以为俗，汤、武之所不得已也。夫不得已，非公之大者也，私其力于己也，私其卫于子孙也。秦之所以革之者，其为制，公之大者也；其情，私也，私其一己之威也，私其尽臣畜于我也。然而公天下之端自秦始。

夫天下之道，理安，斯得人者也。使贤者居上，不肖者居下，而后可以理安。今夫封建者，继世而理。继世而理者，上果贤乎？下果不肖乎？则生人之理乱未可知也。将欲利其社稷，以一其人之视听，则又有世大夫世食禄邑，以尽其封略。圣贤生于其时，亦无以立于天下，封建者为之也。岂圣人之制使至于是乎？吾固曰："非圣人之意也，势也。"

【注释】

①封建：指分封制，奴隶制度时期帝王将爵位和土地赐予贵族，在分封的地域内建立诸侯国，代代相传。②天地：此处指宇宙、自然界。③生人：生民，指人类。④"更古圣王"句：历经了古代这么多贤明的帝王，唐尧、虞舜、夏禹、商汤、周文王、周武王，都不能够将其废除。更，经历。圣王，贤明之君。尧，即唐尧，传说原始社会部落联盟的首领。舜，即虞舜，传说原始社会部落联盟的首领。禹，即夏禹，传说夏朝开国君王。汤，即商汤，商朝的开国帝王。文、武，即周文王、周武王，周朝的开国帝王。⑤草木榛（zhēn）榛：野草、树木杂乱生长的样子。⑥狉（pī）狉：野兽成群结队而行的样子。⑦"莫克"句：没有办法自己养活和保卫自己。莫克，不能够。自奉，自己养活自己。自卫，自己保卫自己。⑧荀卿：战国时期对荀况的尊称。⑨"必将"句：必须要借助外力来为己所用，以维持生存。这句话取意于《荀子·劝学》，原话为"君子生非异也，善假于物也"。假，凭借、借助。⑩痛之：让他痛苦，使他受罚。⑪大者：指武力更强、威信更高的人。⑫有诸侯之列：出现了很多诸侯。诸侯，古代将天子分封的小国君主称为诸侯。⑬"于是"句：于是有方伯、连帅这类的人物。方伯，一方诸侯的首领。连帅，十国诸侯的首领。⑭"是故"句：所以先有里长后有县大夫。里胥（xū），里长。里，古代的地方基层行政单位，据说一里为二十五家。县大夫，县的长官。⑮"及有周"句：等到了周王朝之时，情况就很明了了。⑯五等：周朝时期，诸侯划分为五个等级——公、侯、伯、子、男。⑰邦

群后：分封了许多诸侯。邦，邦国，这里作动词，分封的意思。后，主君，这里指诸侯。⑱布履星罗：分布在各地的诸侯封国，好似繁星罗列一样。布，分布。履，足迹所到的区域，指诸侯分封的疆土。⑲朝觐会同：是指诸侯朝见天子。一般而言，春天前去朝见称朝，秋天朝见为觐，随时去叫会，同时一起去则为同。⑳“下堂”句：指夷王亲自下堂迎接前来朝见的诸侯。按周礼规定，诸侯朝见天子，天子只在堂上接见。但夷王却亲自下堂迎接，这与周礼不合，所以说“害礼伤尊”。㉑“挟”句：依仗中兴复古的功德。挟，依仗。周夷王之后，周王室逐渐衰微。周宣王执政时期，有部族叛乱的情况出现，周宣王出征平定叛乱，国势慢慢好转，史称“中兴”。复古，指周宣王恢复了周朝初期的“盛况”。德，功德。㉒“雄”句：耍南征北伐的威风。周宣王继位后，一举征伐南北的一些部族。㉓“卒不能”句：最后还是无法选定鲁侯的继承者。公元前817年，鲁武公携两个儿子括和戏前去朝见周宣王，周宣王立年幼的戏为武公继承人。武公死后，括之子伯御与鲁人杀掉戏，立伯御为国君。㉔“陵夷”句：周王朝到了周幽王和周厉王时期逐渐衰落。陵夷，一天天地衰败下去。迄，到。幽，指周幽王，西周末代皇帝，周宣王的儿子。厉，指厉王，周夷王之子，此人贪婪暴虐，引起百姓暴动，后来被国人赶跑。㉕王室东徙：指周幽王被杀后，他的儿子平王为了避开西方部族来犯，把都城从镐（今陕西西安）东迁至洛邑（今河南洛阳），从那之后，史称为东周。㉖问鼎之轻重：楚庄王攻打陆浑之戎，顺道在东周的疆域上进行了军事演练，以此来炫耀武力。周定王派王孙满去劳军。楚庄王便询问周朝宗室里陈列的鼎有多重，以此明示他有夺取周王朝的野心。㉗射王中肩：周桓王率领众诸侯征伐郑国，郑庄公出兵抵御，郑国大夫祝聃射中了周桓王的肩膀。㉘伐凡伯：周桓王派遣卿士凡伯去访鲁国，回国路上在楚丘被戎人绑架。㉙诛苌弘：杀死苌弘。晋国大臣赵鞅对周朝大夫苌弘参与晋国另一大臣范吉射的叛乱一事不满，便责问周王室，周敬王无可辩解，只好杀了苌弘。㉚乖盭（guāi lì）：分离，反常。㉛末大不掉：尾大不掉，比喻下属的势力强大，上级的指挥不起作用。咎（jiù），过失。㉜“遂”二句：于是分为十二个较大的诸侯国，最后因吞并合为七个诸侯国。遂，于是。判，分。十二，指春秋时期鲁、齐、晋、秦、楚、宋、卫、陈、蔡、曹、郑、燕这十二个较大的诸侯国。合为七国，各诸侯国相互吞并，直至战国时期又合为秦、楚、齐、燕、韩、赵、魏七国。㉝陪臣：诸侯的臣子对天子的自称。㉞殄（tiǎn）：绝灭。㉟“废”句：废除侯卫并将其变成守宰。侯卫，拱卫天子的诸侯。守宰，郡县的行政长官郡守和县令（邑宰）。㊱“负锄梃（tǐng）”句：扛着锄头和木棍的人被罚到边境戍守。此处是指秦末的陈胜、吴广领导的农民起义一事。梃，木棍。谪戍，被处罚戍守边境。㊲矫：纠正。枉：弯曲，引申为错误、偏差。㊳“困平城”二句：汉高祖被困平城，被飞箭射中。困平城指的是韩王信勾结匈奴攻打汉，次年汉高祖前去征伐，在平城被匈奴围困了七天。病流矢指的是淮南王英布起兵反叛，汉高祖前去镇压，被飞箭射中。流矢，飞箭。㊴谋臣献画：指汉文帝时代的贾谊、汉景帝时代的晁错和汉武帝时代的主父偃都曾向皇帝出谋献计，认为应当削减诸侯王的封地，或将一个大诸侯国分成几个小国，并逐步削减他们干预地方行政的权力。画，计策。㊵桀猾：凶险狡诈之人。这里指唐朝中叶的藩镇（地方军阀）。㊶奸利：非法谋利。浚（jùn）财：搜刮民财。㊷“知孟舒”句：汉文帝继位后，召汉中郡太守田叔问：“你可知道谁是这个天下的长者？”田叔答：“以前的云中郡太守孟舒是长者。”汉文帝便再次任用孟舒为云中郡太守（汉高祖时，孟舒为云中郡太守，后因匈奴来犯，孟舒被罢免）。㊸“得魏尚”句：汉文帝时，魏尚任云中太守，在抵御匈奴方面战功显赫，有一回向上报战功时多报了六颗人头，被罢免官职。后来冯唐在汉文帝面前为其述明功过，汉文帝才重新任用了他。㊹黄霸：汉武帝末期至宣帝时历任地方官多年，受到宣帝的赏识，官至丞相。㊺汲黯：汉武帝时任东海郡太守，为朝廷重用。㊻卧而委之：汉武帝要汲黯任淮阳郡太守，他因病重而不肯受。汉武帝非要他去，汲黯这才勉强应允了。汉武帝允诺汲黯可以躺在床上处理政务。㊼“而”二句：而曹氏和司马氏衰微，也没有听闻将他们的执政时间延长。二姓，指魏国的曹氏、晋朝的司马氏。陵替，衰落、衰微。不闻延祚，也没有听闻将他们的执政时间延长。指的是曹氏的魏国只经历了五代四十六年就灭亡了，司马氏的西晋历经了四代五十二年就灭亡了。祚（zuò），帝位、王位。㊽殷：指商朝。

四维论

【原文】

《管子》以礼义廉耻为四维[①]，吾疑非管子之言也。

彼所谓廉者，曰“不蔽恶”[②]也；世人之命廉者，曰不苟得也。所谓耻者，曰“不从枉”[③]也；世人之命耻者，曰羞为非也。然则二者果义欤，非欤？吾见其有二维，未见其所以为四也。夫不蔽恶者，岂不以蔽恶为不义而去之乎？夫不苟得者，岂不以苟得为不义而不为乎？虽不从枉与羞为非皆然。然则廉与耻，义之小节也，不得与义抗而为维。圣人之所以立天下，曰仁义。仁主恩，义主断。恩者亲之，断者宜之，而理道毕矣。蹈之斯为道，得之斯为德，履之斯为礼，诚之斯为信，皆由其所之而异名。今管氏所以为维者，殆非圣人之所立乎？

又曰：“一维绝则倾，二维绝则危，三维绝则覆，四维绝则灭。”若义之绝，则廉与耻其果存乎？廉与耻存，则义果绝乎？人既蔽恶矣，苟得矣，从枉矣，为非而无羞矣，则义果存乎？

使管子庸人也，则为此言；管子而少知理道，则四维者非管子之言也。

【注释】

①四维：四维是管子思想的精髓，管仲在《管子》一书中提到的一种观点，即礼、义、廉、耻。他认为礼义廉耻是社会的道德标准和行为规范。②"不蔽恶"：不隐藏过错和不好的行为。出自《管子·牧民》："不蔽恶，则行自全。" ③"不从枉"：不跟从做不正直的事。出自《管子·牧民》："不从枉，则邪事不生。"

天爵[1]论

【原文】

柳子曰：仁义忠信，先儒名以为天爵，未之尽也。夫天之贵斯人也，则付刚健、纯粹于其躬，倬为至灵，大者圣神，其次贤能，所谓贵也。刚健之气，钟于人也为志，得之者，运行而可大，悠久而不息，拳拳于得善，孜孜于嗜学，则志者其一端耳。纯粹之气，注于人也为明，得之者，爽达而先觉，鉴照而无隐，盹盹[2]于独见，渊渊于默识，则明者又其一端耳。明离为天之用，恒久为天之道，举斯二者，人伦之要尽是焉。故善言天爵者，不必在道德忠信，明与志而已矣。

道德之于人，犹阴阳之于天也；仁义忠信，犹春秋冬夏也。举明离之用，运恒久之道，所以成四时而行阴阳也。宣无隐之明，著不息之志，所以备四美而富道德也。故人有好学不倦而迷其道挠其志者，明之不至耳，有照物无遗而荡其性脱其守者，志之不至耳。明以鉴之，志以取之，役用其道德之本，舒布其五常之质，充之而弥六合，播之而奋百代，圣贤之事也。

然则圣贤之异愚也，职此而已。使仲尼之志之明可得而夺，则庸夫矣；授之于庸夫，则仲尼矣。若乃明之远迩，志之恒久，庸非天爵之有级哉？故圣人曰“敏以求之[③]”，明之谓也；“为之不厌[④]”，志之谓也。道德与五常，存乎人者也；克明而有恒，受于天者也。呜呼！后之学者，尽力于斯所及焉。

或曰：“子所谓天付之者，若开府库焉，量而与之耶？”曰：否。其各合乎气者也。庄周言天曰自然，吾取之。

【注释】

①天爵：天然的爵位，指崇高的道德修养。品德高尚就会受人尊敬，远远胜于获得爵位，故称。出自《孟子》。②肫肫（zhūn）：诚恳的样子。③敏以求之：用勤奋学习来获取知识。出自《论语》，“子曰：‘我非生而知之者，好古敏而求之者。’”④为之不厌：朝着圣与仁的方向努力而不厌其烦地做。为之，指圣与仁。出自《论语》：“抑为之不厌，诲人不倦，则可谓云尔已矣。”

守道[①]论

【原文】

或问曰：“守道不如守官，何如？”对曰：是非圣人之言，传之者误也。官也者，道之器也，离之非也。未有守官而失道，守道而失官之事者也。是固非圣人之言，乃传之者误也。

夫皮冠者，是虞人之物也。物者，道之准也。守其物，由其准，而后其道存焉。苟舍之，是失道也。凡圣人之所以为经纪，为名物，无非道者。命之曰官，官是以行吾道云尔。是故立之君臣、官府、衣裳、舆马、章绶之数，会朝[②]、表著[③]、周旋[④]、行列[⑤]之等，是道之所存也。则又示之典命、书制、符玺、奏复之文，参伍、殷辅、陪台之役，是道之所由也。则又劝之以爵禄、庆赏之美，惩之以黜远、鞭扑、梏拲[⑥]、斩杀之惨，是道之所行也。故自天子至于庶人，咸守其经分，而无有失道者，和之至也。失其物，去其准，道从而丧矣。易其小者，而大者亦从而丧矣。古者居其位思死其官，可易而失之哉？《礼记》曰：“道合则服从，不可则去。”孟子曰：“有官守者，不得其职则去。”然则失其道而居其官者，古之人不与也。是故在上不为抗，在下不为损，矢人者不为不仁，函人者不为仁，率其职，司其局，交相致以全其工也。易位而处，各安其分，而道达于天下矣。

且夫官所以行道也，而曰守道不如守官，盖亦丧其本矣。未有守官而失道，守道而失官者也。是非圣人之言，传之者误也，果矣。

【注释】

①守道：坚持某种道德典范。出自《左传·昭公二十年》：“守道不如守官，君子韪之。” ②会朝：一种礼法，诸侯或群臣朝会盟主或天子。③表著：古代朝会时按官职大小所排定的位置。④周旋：古代行礼时进退揖让的动作。⑤行列：人物排列的次序。⑥梏拲（gǒng）：一种惩罚犯人的等级。出自《周礼·秋官·掌囚》：“上罪梏拲而桎，中罪桎梏，下罪梏。”

辩侵伐论

【原文】

《春秋》之说曰：“凡师有钟鼓曰伐，无曰侵。”《周礼·大司马》九伐之法曰：“贼贤害人则伐之，负固不服则侵之。”

然则所谓伐之者，声其恶于天下也。声其恶于天下，必有以厌于天下之心，夫然后得行焉。古之守臣有朘[①]人之财，危人之生而又害贤人者，内必弃于其人，外必弃于诸侯，从而后加伐焉，动必克矣。然犹校德而后举，量力而后会，备三有馀[②]而以用其人：一曰义有馀，二曰人力有馀，三曰货食有馀。是三者大备，则又立其礼，正其名，修其辞。其害物也小，则诰誓征令不过其邻；虽大，不出所暴；非有逆天地横四海者，不以动天下之师。故师不逾时而功成焉。斯为人之举也，故公之。公之，而钟鼓作焉。

夫所谓侵之者，独以其负固不服而壅王命也。内以保其人，外不犯于诸侯，其过恶不足暴于天下，致文告，修文德，而又不变，然后以师问焉。是为制命之举，非为人之举也，故私之。私之，故钟鼓不作。斯圣人之所志也。

周道既坏，兵车之轨交于天下，而罕知侵伐之端焉。是故以无道而正无道者有之，以无道而正有道者有之，不增德而以遂威者又有之，故世日乱。一变而至于战国，而生人耗矣。是以有其力无其财，君子不以动众；有其力有其财无其义，君子不以帅师。合是三者而明其公私之说，而后可焉。呜呼！后之用师者，有能观乎侵伐之端，则善矣。

【注释】

①朘（juān）：缩减，减少。 ②馀（yú）：同“余”，多余。

六逆论

【原文】

《春秋左氏》言卫州吁之事，因载六逆之说曰：贱妨贵、少陵长、远间亲、新间旧、小加大、淫破义，六者，乱之本也。余谓“少陵长、小加大、淫破义”，是三者，固诚为乱矣。然其所谓“贱妨贵、远间亲、新间旧”，虽为理之本可也，何必曰乱？

夫所谓“贱妨贵”者，盖斥言择嗣之道，子以母贵者也。若贵而愚，贱而圣且贤，以是而妨之，其为理本大矣，而可舍之以从斯言乎？此其不可固也。夫所谓“远间亲、新间旧”者，盖言任用之道也。使亲而旧者愚，远而新者圣且贤，以是而间之，其为理本亦大矣，又可舍之以从斯言乎？必从斯言而乱天下，谓之师古训可乎？此又不可者也。

呜呼！是三者，择君置臣之道，天下理乱之大本也。为书者，执斯言，著一定之论，以遗后代，上智之人固不惑于是矣；自中人而降，守是为大据，而以致败乱者，固不乏焉。晋厉死而悼公入，乃理①；宋襄嗣而子鱼退，乃乱②；贵不足尚也。秦用张禄而黜穰侯，乃安③；魏相成璜而疏吴起，乃危④；亲不足与也。苻氏进王猛而杀樊世，乃兴⑤；胡亥任赵高而族李斯，乃灭⑥；旧不足恃也。顾所信何如耳！然则斯言殆可以废矣。

噫！古之言理者，罕能尽其说。建一言，立一辞，则臲卼⑦而不安，谓之是可也，谓之非亦可也，混然而已。教于后世，莫知其所以去就。明者慨然将定其是非，则拘儒瞽生相与群而咻之，以为狂为怪，而欲世之多有知者可乎？夫中人可以及化者，天下为不少矣，然而罕有知圣人之道，则固为书者之罪也。

【注释】

①“晋厉”句：晋厉公死后，悼公以旁支继位为君主，晋国于是安定太平。晋厉，晋厉公，晋景公之子。悼公，晋悼公。②“宋襄”句：宋襄公凭借自己嫡子的身份继承了王位，而子鱼却碍于自己庶子的身份选择退让，由此宋国国内变得动荡不安。宋襄，指宋襄公，宋

桓公次子,《史记》中说宋襄公是春秋五霸之一。子鱼,名目夷,因担任司马,故称司马子鱼,春秋时期宋国宗室、大臣。子鱼是宋桓公庶长子,是宋襄公的异母兄弟。③“秦用张禄”句:秦王任用张禄为一国之相,选择罢免自己的舅舅穰侯,此举让国家稳定了下来。张禄为秦国宰相,原名范雎,字叔,魏国芮城(今山西芮城)人,著名政治家和军事谋略家。穰侯,战国时秦国大臣魏冉,秦昭襄王的舅舅。④“魏相成璜”句:魏王让季成和翟璜做自己的宰相,而选择疏远吴起,由此国家危机不断涌现。成,指季成,魏文侯的弟弟。璜,指翟璜,魏文侯时的上卿。⑤“苻氏”句:苻坚重用王猛而杀了旧臣樊世,国家就兴旺了。苻氏,指前秦世祖宣昭皇帝苻坚。王猛,十六国时期著名的政治家、军事家,辅佐苻坚扫平障碍,统一北方,世人称“功盖诸葛第一人”。樊世:前秦氐族豪帅。⑥“胡亥”句:胡亥选择亲近赵高而选择族灭李斯,由此国家灭亡。胡亥为秦始皇的第十八子,世人称秦二世。赵高是秦二世身边著名的奸相。李斯为秦代非常知名的政治家和思想家。⑦鯢卼(niè wù):不安、摇摆的样子。

卷三 议辩

晋文公问守原议

【原文】

晋文公既受原于王,难其守。问寺人勃鞮[①],以畀[②]赵衰。余谓守原,政之大者也,所以承天子,树霸功,致命诸侯,不宜谋及媟近[③],以忝王命。而晋君择大任,不公议于朝，而私议于宫；不博谋于卿相，而独谋于寺人。虽或衰之贤足以守，国之政不为败，而贼贤失政之端，由是滋矣。况当其时不乏言议之臣乎？狐偃为谋臣，先轸将中军，晋君疏而不咨，外而不求，乃卒定于内竖，其可以为法乎？且晋君将袭齐桓之业，以翼天子，乃大志也。然而齐桓任管仲以兴，进竖刁以败。则获原启疆，适其始政，所以观示诸侯也，而乃背其所以兴，迹其所以败。然而能霸诸侯者，以土则大，以力则强，以义则天子之册也。诚畏之矣，乌能得其心服哉！其后景监得以相卫鞅，弘、石得以杀望之，误之者普文公也。

呜呼！得贤臣以守大邑，则问非失举也，盖失问也。然犹羞当时陷后代若此，况于问与举又两失者，其何以救之哉？余故著晋君之罪，以附《春秋》许世子止、赵盾之义。

【注释】

①勃鞮（dī）：人名，又名为寺人披。春秋时期晋国的宦官。②畀（bì）：赐予。③媟（xiè）近：狎昵，形容亲近小人，昏庸无能。

驳复雠[1]议

【原文】

臣伏见天后时[2]，有同州下邽人徐元庆者，父爽为县吏赵师韫[3]所杀，卒能手刃父雠，束身归罪。当时谏臣陈子昂[4]建议诛之而旌其闾，且请编之于令，永为国典。臣窃独过之。

臣闻礼之大本，以防乱也，若曰无为贼虐，凡为子者杀无赦；刑之大本，亦以防乱也，若曰无为贼虐，凡为理者杀无赦。其本则合，其用则异，旌与诛莫得而并焉。诛其可旌，兹谓滥，黩刑[5]甚矣；旌其可诛，兹谓僭[6]，坏礼甚矣。果以是示于天下，传于后代，趋义者不知所以向，违害者不知所以立，以是为典可乎？

盖圣人之制，穷理以定赏罚，本情以正褒贬，统于一而已矣。向使刺谳[⑦]其诚伪，考正其曲直，原始而求其端，则刑礼之用，判然离矣。何者？若元庆之父，不陷于公罪，师韫之诛，独以其私怨，奋其吏气，虐于非辜，州牧不知罪，刑官不知问，上下蒙冒，吁号不闻；而元庆能以戴天[⑧]为大耻，枕戈为得礼，处心积虑，以冲雠人之胸，介然自克，即死无憾，是守礼而行义也。执事者宜有惭色，将谢之不暇，而又何诛焉？其或元庆之父，不免于罪，师韫之诛，不愆[⑨]于法，是非死于吏也，是死于法也。法其可雠乎？雠天子之法，而戕[⑩]奉法之吏，是悖骜[⑪]而凌上也。执而诛之，所以正邦典，而又何旌焉？

且其议曰："人必有子，子必有亲，亲亲相雠，其乱谁救？"是惑于礼也甚矣。礼之所谓雠者，盖以冤抑沉痛，而号无告也；非谓抵罪触法，陷于大戮。而曰"彼杀之，我乃杀之"，不议曲直，暴寡胁弱而已。其非经背圣，不以甚哉！《周礼》[⑫]："调人掌司万人之雠。""凡杀人而义者，令勿雠，雠之则死。""有反杀者，邦国交雠之。"又安得亲亲相雠也？《春秋公羊传》[⑬]曰："父不受诛，子复雠可也。父受诛，子复雠，此推刃之道。复雠不除害。"今若取此以断两下相杀，则合于礼矣。且夫不忘雠，孝也；不爱死，义也。元庆能不越于礼，服孝死义，是必达理而闻道者也。夫达理闻道之人，岂其以王法为敌雠者哉？议者反以为戮，黩刑坏礼，其不可以为典，明矣。

请下臣议，附于令。有断斯狱者，不宜以前议从事。谨议。

【注释】

①复雠：复仇。雠，同“仇”。②伏见：看见。旧时是下级对上级有所陈述时的敬辞。下文的“窃”，也是下级对上级所用的敬辞。天后：武则天。③县吏赵师韫：当时的下邽县尉。④陈子昂：谏诤之官，武后时曾为右拾遗。⑤黩（dú）刑：滥用刑法。黩，滥用。⑥僭（jiàn）：逾越本分。⑦刺谳（yàn）：调查制订方案。⑧戴天：头上顶着天，意思是说和仇人生活在同一方天地。⑨愆（qiān）：错误，过错。⑩戕（qiāng）：杀害。⑪悖骜（bèi ào）：桀骜不驯。悖，违背。骜，通“傲”，傲慢。⑫《周礼》：又名《周官》或《周官经》，是汇编诸多制度等历史资料的儒家经典之一。⑬《春秋公羊传》：《公羊传》，用来解释《春秋》的三传之一。

桐叶封弟辩

【原文】

古之传者[①]有言，成王[②]以桐叶与小弱弟[③]，戏曰：“以封汝。”周公[④]入贺。王曰：“戏也。”周公曰：“天子不可戏。”乃封小弱弟于唐[⑤]。

吾意不然。王之弟当封耶？周公宜以时言于王，不待其戏而贺以成之也；不当封耶？周公乃成其不中之戏[⑥]，以地以人与小弱者为之主，其得为圣乎？且周公以王之言，不可苟[⑦]焉而已，必从而成之耶？设有不幸，王以桐叶戏妇寺[⑧]，亦将举[⑨]而从之乎？凡王者之德，在行之何若。设未得其当，虽十易之不为病[⑩]；要于其当，不可使易也，而况以其戏乎？若戏而必行之，是周公教王遂[⑪]过也。

吾意周公辅成王，宜以道[⑫]，从容优乐[⑬]，要归之大中而已，必不逢[⑭]其失而为之辞[⑮]。又不当束缚之，驰骤[⑯]之，使若牛马然，急则败矣。且家人父子尚不能以此自克[⑰]，况号为君臣者耶？是直[18]小丈夫缺缺[19]者之事，非周公所宜用，故不可信。

或曰：封唐叔[20]，史佚[21]成之。

【注释】

①传者：书传。这里指《吕氏春秋·重言》和刘向的《说苑·君道》。②成王：指周成王姬诵，西周初期君主，周武王之子。③小弱弟：指周成王之弟叔虞。④周公：指周武王之弟姬旦。⑤唐：古国名，在今山西省翼城县一带。⑥不中之戏：不恰当的游戏。⑦苟：草率，随意。⑧妇寺：宫中的妃嫔和太监。⑨举：全部。⑩病：弊病，毛病。⑪遂：成。⑫道：道理，原则。在这里指柳宗元常提及的"大中之道"，不偏不倚、恰到好处便是"中"。⑬从容优乐：嬉戏，玩乐。⑭逢：逢迎。⑮辞：辩解，用巧言去掩饰。⑯驰骤：指四处奔忙卖命。⑰自克：自我约束。克，克制、约束。⑱直：只不过，只是。⑲缺缺（quē）：耍小聪明的样子。⑳唐叔：指叔虞。㉑史佚：指周武王执政时期的史官尹佚。

辩列子

【原文】

刘向古称博极群书，然其录《列子》，独曰郑穆公[1]时人。穆公在孔子前几百岁，《列子》书言郑国，皆云子产[2]、邓析[3]，不知向何以言之如此？

《史记》：郑繻公二十五年，楚悼王四年，围郑，郑杀其相驷子阳。子阳正与列子同时。是岁，周安王四年，秦惠公、韩烈侯、赵武侯二年，魏文侯二十七年，燕厘公五年，齐康公七年，宋悼公六年，鲁穆公十年。不知向言鲁穆公时遂误为郑耶？不然，何乖错至如是？

其后张湛徒知怪《列子》书言穆公后事，亦不能推知其时。然其书亦多增窜，非其实。要之，庄周为放依其辞，其称夏棘、狙公、纪渻子、季咸等，皆出《列子》，不可尽纪。虽不概于孔子道，然其虚泊寥阔，居乱世，远于利，祸不得逮乎身，而其心不穷。《易》之“遁世无闷”者，其近是欤？余故取焉。

其文辞类庄子，而尤质厚，少为作，好文者可废耶？其《杨朱》《力命》，疑其杨子书。其言魏牟、孔穿皆出《列子》后，不可信。然观其辞，亦足通知古之多异术也，读焉者慎取之而已矣。

【注释】

①郑穆公：春秋时期郑国君主，郑文公的庶子，世称公子兰。②子产：春秋时期郑国杰出的政治家，字子产，谥号成子。③邓析：春秋时期郑国思想家，提倡名家，“名辩之学”倡始人。

辩文子

【原文】

《文子》书十二篇，其传曰老子弟子。其辞时有若可取，其指意皆本老子。然考其书，盖驳书也。其浑而类者少，窃取他书以合之者多。凡孟、管辈数家，皆见剽窃，峣然[①]而出其类。其意绪文辞，叉牙相抵而不合。不知人之增益之欤？或者众为聚敛以成其书欤？然观其往往有可立者，又颇惜之，悯其为之也劳。今刊去谬恶乱杂者，取其似是者，又颇为发其意，藏于家。

【注释】

①峣然（yáo）：突出，凸显。

论语辩二篇

【上篇】

或问曰：儒者称《论语》孔子弟子所记，信乎？曰：未然也。孔子弟子，曾参最少，少孔子四十六岁。曾子老而死。是书记曾子之死，则去孔子也远矣。曾子之死，孔子弟子略无存者矣。吾意曾子弟子之为之也。何哉？且是书载弟子必以字，独曾子、有子不然。由是言之，弟子之号之也。

然则有子何以称子？曰：孔子之殁[1]也，诸弟子以有子为似夫子，立而师之。其后不能对诸子之问，乃叱避而退，则固尝有师之号矣。今所记独曾子最后死，余是以知之。盖乐正子春、子思之徒与为之尔。或曰：孔子弟子尝杂记其言，然而卒成其书者，曾氏之徒也。

【下篇】

尧曰："咨，尔舜！天之历数在尔躬，四海困穷，天禄永终。"舜亦以命禹，曰："余小子履，敢用玄牡[2]，敢昭告于皇天后土，有罪不敢赦。万方有罪，罪在朕躬。朕躬有罪，无以尔万方。"

或问之曰：《论语》书记问对之辞尔。今卒篇之首，章然有是，何也？

柳先生曰：《论语》之大，莫大乎是也。是乃孔子常常讽道之辞云尔。彼孔子者，覆生人之器者也。上之尧、舜之不遭，而禅不及己；下之无汤之势，而己不得为天吏。生人无以泽其德，日视闻其劳死怨呼，而己之德涸然无所依而施，故于常常讽道云尔而止也。此圣人之大志也，无容问对于其间。弟子或知之，或疑之不能明，相与传之。故于其为书也，卒篇之首，严而立之。

【注释】

①殁（mò）：死亡。这是一种非常委婉的描述死亡的说法。

②玄牡：古代祭天时使用的黑色公牛。

辨鬼谷子[1]

【原文】

元冀好读古书，然甚贤《鬼谷子》，为其《指要》几千言。

《鬼谷子》要为无取，汉时刘向、班固录书无《鬼谷子》。《鬼谷子》后出，而险盭峭薄[2]，恐其妄言乱世，难信，学者宜其不道。而世之言纵横者，时葆其书。尤者，晚乃益出七术，怪谬异甚，不可考校，其言益奇，而道益陿[3]，使人狙狂失守，而易于陷坠。幸矣，人之葆之者少。今元子又文之以《指要》，呜呼，其为好术也过矣！

【注释】

①鬼谷子：战国时期人物，因为隐居在鬼谷而自号为“鬼谷子”。苏秦和张仪师从于他。②险盭（lì）峭薄：阴险乖张又刻薄。盭，凶狠。③陿（xiá）：古同“狭”，狭隘。

辩晏子春秋

【原文】

司马迁读《晏子春秋》，高之，而莫知其所以为书。或曰晏子为之，而人接焉；或曰晏子之后为之，皆非也。吾疑其墨子之徒有齐人者为之。

墨好俭，晏子以俭名于世，故墨子之徒尊著其事，以增高为己术者。且其旨多尚同、兼爱、非乐、节用、非厚葬久丧者，是皆出墨子。又非孔子，好言鬼事，非儒、明鬼，又出墨子。其言问枣及古冶子等，尤怪诞；又往往言墨子闻其道而称之，此甚显白者。

自刘向[1]、歆、班彪[2]、固父子，皆录之儒家中。甚矣，数子之不详也！盖非齐人不能具其事，非墨子之徒，则其言不若是。后之录诸子书者，宜列之墨家。非晏子为墨也，为是书者，墨之道也。

【注释】

①刘向：西汉末期人，字子政。此人仕途坎坷，曾多次入狱，又屡次被重新任用。②班彪：字叔皮，为人好古敏求。

辩亢仓子

【原文】

太史公为《庄周列传》[①]，称其为书，《畏累》[②]《亢桑子》[③]，皆空言无事实。今世有《亢桑子》书，其首篇出《庄子》，而益以庸言。盖周所云者尚不能有事实，又况取其语而益之者，其为空言尤也。刘向、班固录书无《亢仓子》，而今之为术者，乃始为之传注，以教于世，不亦惑乎！

【注释】

①《庄周列传》：指《史记·老子韩非列传》中的庄周传记。②畏累：山的名称。③《亢桑子》：即《亢仓子》，其内容主要是对老子的言论与观点进行解释与阐明，是对道家“道”思想的继承与发展。

辩鹖冠子

【原文】

余读贾谊《鹏赋》[①]，嘉其辞，而学者以为尽出《鹖冠子》[②]。余往来京师，求《鹖冠子》，无所见；至长沙，始得其书。读之，尽鄙浅言也，唯谊所引用为美，余无可者。吾意好事者伪为其书，反用《鹏赋》以文饰之，非谊有所取之，决也。

太史公《伯夷列传》称贾子曰："贪夫殉财，烈士殉名，夸者死权。"不称《鹖冠子》。迁号为博极群书，假令当时有其书，迁岂不见耶？假令真有《鹖冠子》书，亦必不取《鹏赋》以充入之者。何以知其然耶？曰：不类。

【注释】

①《鹏（fú）赋》：汉代贾谊所作《鹏鸟赋》的简称。②《鹖冠子》：道家著作，据说是战国时期楚国隐士鹖冠子所著。

卷四　记

始得西山宴游记

【原文】

自余为僇人[①]，居是州，恒惴慄[②]。其隟[③]也，则施施而行[④]，漫漫而游[⑤]。日与其徒上高山，入深林，穷[⑥]回溪，幽泉怪石，无远不到[⑦]。到则披草[⑧]而坐，倾壶而醉。醉则更相枕以卧，卧而梦。意有所极，梦亦同趣[⑨]。觉而起，起而归。以为凡是州之山水有异态者，皆我有也，而未始[⑩]知西山之怪特。

今年[⑪]九月二十八日，因坐法华西亭[⑫]，望西山，始指异之[⑬]。遂命仆人过湘江[⑭]，缘染溪[⑮]，斫榛莽[⑯]，焚茅茷[⑰]，穷山之高而上[⑱]。攀援而登，箕踞[⑲]而遨，则凡数州之土壤，皆在衽席[⑳]之下。其高下之势，岈然洼然[㉑]，若垤[㉒]若穴，尺寸千里[㉓]，攒蹙[㉔]累积，莫得遁隐[㉕]。萦青缭白[㉖]，外与天际，四望如一。然后知是山之特立，不与培塿[㉗]为类，悠悠乎[㉘]与颢气[29]俱，而莫得其涯；洋洋乎[30]与造物者[31]游，而不知其所穷。引觞[32]满酌，颓然[33]就醉，不知日之入。苍然[34]暮色，自远而至，至无所见，而犹不欲归。心凝形释[35]，与万化冥合[36]。然后知吾向之未始游，游于是乎始，故为之文以志。是岁[37]，元和四年也。

【注释】

①僇（lù）人：受过刑罚的人，有罪之人。柳宗元在永贞革新失败后，被贬为永州司马，故自称僇人。②惴慄：惴惴不安的样子。惴，恐惧。慄，发抖。这里是作者担心政敌落井下石。③隟：隙，指空闲时间。④施（shī）施而行：缓慢地行走。施施，徐徐前进的状态。⑤漫漫而游：无拘无束地游玩。漫漫，没有束缚的样子。⑥穷：走到尽头。⑦无远不到：没有一个僻远的地方是不曾到过的。⑧披草：分开草。披，用手分开。⑨"意有所极"二句：心中有向往的好境界，梦里就会有同样的乐趣。所极，所向往的境界。极，至、向往。⑩未始：未曾。⑪今年：指元和四年（809年）。⑫法华西亭：柳宗元于元和四年在永州建造的法华寺西之亭。⑬指异之：指向它，并觉得它非常奇特。⑭湘江：应为潇水。⑮染溪：潇水的一条小支流，又作"冉溪"，柳宗元又称之为"愚溪"。⑯斫：砍伐。榛莽：指纷乱而生的荆棘灌木。⑰茅茷：指长得茂密杂乱的野草。⑱"穷山"句：一直砍伐、焚烧到山的最高处才罢休。穷，尽，指把榛莽、茅茷砍伐、焚烧尽。⑲箕踞：像簸箕一样蹲坐，伸开双脚坐着，是一种很随意的坐法。⑳衽席：坐垫，席子。㉑岈然：高山空旷的样子。洼然：深谷低洼的样子。㉒垤：小山丘。㉓尺寸千里：望去似乎只有尺寸之远，其实有千里之遥。㉔攒蹙：聚集在一起。㉕遁隐：隐藏。㉖萦青缭白：青山萦回，白水缭绕。白，指山顶所见的潇、湘二水。㉗培塿（lǒu）：小土堆。㉘悠悠乎：广阔浩渺啊。㉙颢气：同"浩气"，指天地间的大气。㉚洋洋乎：怡

然自得啊。㉛造物者：创造万物的天地，指大自然。㉜引觞：举起酒杯。㉝颓然：东倒西歪地。颓，跌倒。㉞苍然：灰暗的样子，这里是描述傍晚的天色。㉟心凝：心中的想法停止了。形释：形体消散了。㊱万化：万物变化，指自然界万物。冥合：无声无息地融合为一体。㊲是岁：这一年。

钴鉧潭[①]记

【原文】

钴鉧潭在西山西，其始盖冉水[②]自南奔注，抵山石，屈[③]折东流，其颠委势峻[④]，荡击益暴[⑤]，啮其涯[⑥]，故旁广而中深，毕至石乃止。流沫成轮[⑦]，然后徐[⑧]行，其清而平者且十亩余，有树环焉，有泉悬焉[⑨]。

其上有居者，以予之亟游也[⑩]，一旦款门[⑪]来告曰："不胜官租私券之委积[⑫]，既芟山[⑬]而更居，愿以潭上田贸财以缓祸[⑭]。"予乐而如其言。则崇其台[⑮]，延其槛[⑯]，行其泉于高者而坠之潭[⑰]，有声潨然[⑱]。尤与中秋观月为宜，于以见天之高，气之迥[⑲]。

孰使予乐居夷而忘故土者，非兹潭也欤？

【注释】

①钴鉧（gǔ mǔ）潭：因形似熨斗而得名的水潭。钴鉧，一说为熨斗，一说为釜锅。②冉水：指冉溪，又称染溪。③屈：弯曲。④颠委：首尾，这里指上游和下游。势峻：水势湍急。⑤荡击：猛烈冲击。益暴：愈加暴怒，指水势更加汹涌。⑥啮其涯：这里指侵蚀着岸边。啮，侵蚀。涯，边沿。⑦轮：车轮般的旋涡。⑧徐：慢慢地。⑨"有树环焉"句：钴鉧潭四周被树木环绕着，还有瀑布垂悬着。环，环绕。悬，从高处落下。⑩以予之亟游：因我多次到此游玩。以，因为。予，我。亟，屡次、时常。⑪款门：敲门。⑫"不胜

官租”句：我承受不住沉重的官租与私人债务。不胜，承受不了。券，借据。委积，累积。⑬芟（shān）山：除草开山。芟，割草。⑭贸财以缓祸：变卖换钱来缓解债务。⑮崇其台：加高潭的台面。崇，加高。⑯延其槛：加长那里的栏杆。延，延伸。槛，栏杆。⑰“行其泉”句：引流高处的泉水，使其坠落潭水之中。⑱潨（cóng）然：水声淙淙的样子。⑲“于以”句：此处既可眺望天空的高邈，也可以感受空气的清新。于以，在这里。迥，遥远。

钴鉧潭西小丘记

【原文】

得西山后八日，寻[①]山口西北道二百步[②]，又得钴鉧潭。潭西二十五步，当湍而浚[③]者为鱼梁[④]。梁之上有丘焉，生竹树。其石之突怒偃蹇[⑤]，负土而出，争为奇状者，殆[⑥]不可数。其嵚然[⑦]相累而下者，若牛马之饮于溪；其冲然角列[⑧]而上者，若熊罴[⑨]之登于山。丘之小不能一亩，可以笼[⑩]而有之。问其主，曰：“唐氏之弃地，货而不售[⑪]。”问其价，曰：“止四百。”余怜而售之。李深源、元克己时同游，皆大喜，出自意外。即更[⑫]取器用，铲刈[⑬]秽草，伐去恶木，烈火而焚之。嘉木立，美竹露，奇石显。由其中以望，则山之高，云之浮，溪之流，鸟兽之遨游，举熙熙然[⑭]回巧[⑮]献技，以效兹丘之下。枕席而卧，则清泠[⑯]之状与目谋[⑰]，瀯瀯[⑱]之声与耳谋，悠然而虚者与神谋，渊然而静者与心谋。不匝旬[⑲]而得异地者二，虽古好事[⑳]之士，或未能至焉。

噫！以兹丘之胜，致之沣、镐、鄠、杜，则贵游之士争买者，日增千金而愈不可得。今弃是州也，农夫渔父过而陋[㉑]之，贾四百，连岁[㉒]不能售。而我与深源、克己独喜得之，是其果有遭[㉓]乎！书于石，所以贺兹丘之遭也。

【注释】

①寻：沿着。②步：指跨一步的距离。③浚（jùn）：深水。④鱼梁：用石头堆砌而成的横截水流、中开缺口便于捕鱼的堰。⑤突怒：形容石头突起。偃蹇（yǎn jiǎn）：形容石头耸立的姿态。⑥殆：几乎，差不多。⑦嵚（qīn）然：石势巍峨的样子。⑧冲（chòng）然：向前或向上的样子。角列：争取排到前列。⑨罴（pí）：棕熊。⑩笼：包笼，包罗。⑪货而不售：出售产品却卖不出去。货，出售。不售，卖不出去。⑫更：轮番，一次又一次。⑬刈（yì）：割。⑭熙熙然：和悦的样子。⑮回巧：呈现巧妙的姿态。⑯清泠（líng）：形容景色明澈。⑰谋：这里是接触的意思。⑱瀯瀯（yíng）：象声词，像水回旋之声。⑲匝（zā）旬：满十天。匝，周。旬，一旬为十天。⑳好（hào）事：喜欢山水。㉑陋：鄙视，轻视。㉒连岁：多年，接连几年。㉓遭：遇合。

至小丘西小石潭记

【原文】

从小丘西行百二十步，隔篁竹[①]，闻水声，如鸣珮环[②]，心乐[③]之。伐竹取[④]道，下见小潭[⑤]，水尤清冽[⑥]。全石以为底[⑦]，近岸卷石底以出[⑧]，为坻为屿，为嵁为岩[⑨]。青树翠蔓[⑩]，蒙络摇缀，参差披拂[⑪]。潭中鱼可百许头，皆若空游无所依[⑫]。日光下澈，影布石上，佁然不动[⑬]；俶尔远逝，往来翕忽[⑭]，似与游者相乐。

潭西南而望，斗折蛇行，明灭可见[⑮]。其岸势犬牙差互[⑯]，不可知其源。坐潭上，四面竹树环合，寂寥无人，凄神寒骨，悄怆幽邃[⑰]。以其境过清，不可久居，乃记之而去[⑱]。

同游者吴武陵、龚古，余弟宗玄[⑲]；隶而从者，崔氏二小生[⑳]，曰恕己，曰奉壹。

【注释】

①篁(huáng)竹:一整片竹林。②如鸣佩环:像环佩玉饰相击的空灵之声。③乐:为……感到愉悦。④取:这里指开辟。⑤下见小潭:往下望去,就可以看见一个小水潭。⑥水尤清冽:潭水尤其清澈冷冽。⑦全石以为底:整个小潭的底部是一整块天然形成的岩石。⑧“近岸”句:靠近岸边的地方,部分石头底部向外翻,暴露出水面。⑨“为坻为屿”二句:石头高高低低,有的高耸水面,有的如同小岛一样浅浅地露出一部分,有的奇形怪状并不平坦,有的断面如同悬崖一般。⑩翠蔓:翠绿的藤蔓。⑪“蒙络摇缀”二句:(藤蔓)有的互相遮掩纠纠缠缠,有的垂吊而下晃晃荡荡,有的犬牙交错杂杂乱乱,有的随风而动摇摇摆摆。⑫“潭中”二句:潭中的鱼看着像有一百来条,潭水清澈以至于它们恍若游动于空中,而不是依靠水力。⑬“日光”三句:日头照射进清澈的水里,鱼儿的影子就被投射在潭底的石头上,那鱼儿也愣头愣脑地待在水里一动不动。⑭“俶尔”二句:忽而又游开来,鱼儿们来来往往,身姿十分敏捷。⑮“斗折”二句:(潭水)蜿蜿蜒蜒,如同北斗七星一样曲折,又像长蛇爬行的痕迹。若隐若现,一段距离得见,一段距离又不得见。⑯犬牙差(cī)互:像狗牙一样参差不齐,相互交错。⑰“凄神寒骨”二句:(此处)神魂凄冷,寒入骨髓,不禁让人在这深幽之处心有感伤。⑱“以其”三句:因为那处地方的氛围实在过于冷清阴森,实在不是久留之地,匆匆记下小石潭之貌便离去了。⑲“同游者”句:一起游玩的有吴武陵、龚古以及我的堂弟宗玄。吴武陵、龚古均是作者的友人。⑳“隶而从者”二句:作为随从跟着来的,有姓崔的两个年轻人。小生,年轻人。

袁家渴[1]记

【原文】

由冉溪西南水行十里,山水之可取者五,莫若钴鉧潭。

由溪口而西，陆行，可取者八九，莫若西山。由朝阳岩②东南水行，至芜江③，可取者三，莫若袁家渴。皆永中幽丽奇处④也。

楚、越⑤之间方言，谓水之支流者为“渴”。音若“衣褐”之“褐”。渴上与南馆⑥高嶂合⑦，下与百家濑⑧合。其中重洲⑨小溪，澄潭浅渚⑩，间厕⑪曲折，平者深黑，峻者沸白。舟行若穷，忽又无际。有小山出水中，皆美石，上生青丛，冬夏常蔚然。其旁多岩洞，其下多白砾⑫，其树多枫楠石楠⑬楩槠樟柚，草则兰芷。又有异卉⑭，类合欢而蔓生⑮，轇轕⑯水石。每风自四山而下，振动大木，掩苒⑰众草，纷红骇绿⑱，蓊葧⑲香气，冲涛旋濑⑳，退贮溪谷㉑，摇飘葳蕤㉒，与时推移。其大都如此，余无以穷其状。

永之人未尝游焉，余得之不敢专也，出而传于世。其地主袁氏，故以名焉。

【注释】

①袁家渴（hè）：水名。②朝阳岩：地名，在今永州古城潇水西岸。③芜江：水名，潇水的支流，在永州境内。④永中：永州之中。幽丽奇处：风景幽静秀美奇异之处。⑤楚：古称湖南为楚。越：古称浙江一带为越。⑥南馆：指唐代在此所建的馆舍。⑦高嶂：高大险峻，像屏嶂一样的山峰。合：相接，相邻。⑧百家濑：水名，在永州古城南二里处。濑（lài），湍急的水从沙石上流过。⑨重洲：重叠的水中沙洲。⑩澄潭：澄澈的潭水。浅渚（zhǔ）：浅显的刚冒出水面的小块土地。⑪间厕：交错夹杂。⑫白砾（lì）：白色的小石子。⑬枫：枫树。石楠：生于石缝间的常绿树。⑭异卉（huì）：奇异的花卉。⑮合欢：指合欢树。蔓生：草本蔓生植物。⑯轇轕（jiāo gé）：交错纠缠的样子。⑰掩苒：野草温柔地随风倾倒的样子。苒（rǎn），轻柔。⑱纷红骇绿：花儿繁乱而惊骇，叶子惊骇而

繁乱。⑲蓊葧（wěng bó）：草木丰茂的样子。⑳冲涛旋濑：水石激起了波浪和急流。㉑退贮溪谷：倒流到溪谷中去。贮，贮存、躲避。㉒摇飘：萧条。飘，飞扬。葳蕤（wēi ruí）：草木丰茂，枝叶下垂的样子。

石渠记

【原文】

自渴[①]西南行，不能百步，得石渠，民桥其上。有泉幽幽然[②]，其鸣乍[③]大乍细。渠之广，或咫尺[④]，或倍尺[⑤]，其长可十许步。其流抵大石，伏出其下。逾石而往，有石泓[⑥]，昌蒲被[⑦]之，青鲜环周。又折西行，旁陷岩石下，北堕[⑧]小潭。潭幅员减百尺，清深多鯈鱼。又北曲行纡馀[⑨]，睨若无穷，然卒入于渴。其侧皆诡石怪木，奇卉美箭[⑩]，可列坐而庥[⑪]焉。风摇其巅，韵动崖谷。视之既静，其听始远。

予从州牧得之，揽去翳朽，决疏土石，既崇而焚，既酾[⑫]而盈。惜其未始有传焉者，故累记其所属，遗之其人，书之其阳，俾后好事者求之得以易。元和七年正月八日，蠲[⑬]渠至大石。十月十九日，逾石得石泓小潭，渠之美于是始穷也。

【注释】

①渴：指袁家渴，水名。②幽幽然：流水幽静的样子。③乍：忽然。④咫（zhǐ）尺：比喻非常近的距离。⑤倍尺：二尺。⑥泓（hóng）：深潭。水深且广。⑦被：覆盖。⑧堕：落，流。⑨纡（yū）馀：曲折延伸。纡，弯曲。馀，通“徐”，延伸。⑩箭：小竹。⑪庥（xiū）：同“休”，休息。⑫酾（shī）：分流，疏导。⑬蠲（juān）：清除，清洁。

石涧记

【原文】

石渠之事既穷[①]，上由桥西北，下土山之阴[②]，民又桥[③]焉。其水之大，倍石渠三之一。亘石[④]为底，达于两涯[⑤]。若床若堂，若陈筵席，若限阃奥[⑥]。水平布其上，流若织文[⑦]，响若操琴。揭跣[⑧]而往，折竹箭，扫陈叶，排腐木，可罗胡床[⑨]十八九居之。交络[⑩]之流，触激[⑪]之音，皆在床下；翠羽之木[⑫]，龙鳞之石[⑬]，均荫其上。古之人其有乐乎此耶？后之来者，有能追予之践履耶？得意之日，与石渠同[⑭]。

由渴而来者，先石渠，后石涧；由百家濑上而来者，先石涧，后石渠。涧之可穷者，皆出石城村东南，其间可乐者数焉。其上深山幽林，逾峭险，道狭不可穷也。

【注释】

①穷：毕，完成。②土山之阴：土山的北坡。古称山南水北为阳，山北水南为阴。③桥：架桥。④亘石：接连不断的石头。亘（gèn），横贯。⑤两涯：两岸。⑥限：门槛，用门槛将正屋与内室分隔开来。阃奥：内室深处。阃（kǔn），门槛。⑦文：纹彩，花纹。⑧揭（qì）：把衣服拎起来。跣（xiǎn）：光着脚。⑨胡床：一种用绳子结成的可折叠的轻便床。⑩交络：交织，形容水波像交织的纹理。⑪触激：撞击。⑫翠羽之木：形似翠鸟羽毛的树木。翠羽，翡翠鸟的羽毛。⑬龙鳞之石：形似龙鳞的石头。⑭“得意”二句：这一天的得意，与到石渠那一天得到的快乐是相同的呀。

小石城山记

【原文】

自西山道口径北，逾黄茅岭[①]而下，有二道：其一西出，寻之无所得；其一少北而东[②]，不过四十丈，土断而川分[③]，有积石横当其垠[④]。其上为睥睨梁欐[⑤]之形，其旁出堡坞[⑥]，有若门焉。窥[⑦]之正黑，投以小石，洞然[⑧]有水声，其响之激越[⑨]，良久乃已[⑩]。环[⑪]之可上，望甚远，无土壤而生嘉树美箭[⑫]，益[⑬]奇而坚，其疏数偃仰，类智者所施设也[⑭]。

噫！吾疑造物者之有无久矣。及是，愈[⑮]以为诚[⑯]有。又怪其不为之中州，而列是夷狄，更千百年不得一售其伎，是故劳而无用[⑰]，神者傥不宜如是，则其果无乎？[⑱]或曰："以慰夫贤而辱于此者。[⑲]"或曰："其气之灵不为伟人，而独为是物，故楚之南少人而多石。[⑳]"是二者，余未信之。

【注释】

①黄茅岭：在今湖南零陵西。②少北而东：稍向北又向东去。③土断而川分：土路中断，出现分流的河水。④横当其垠（yín）：横着挡在路的尽头。⑤睥睨（pì nì）：同"埤堄"，城上凹空的矮墙。梁欐：栋梁，此处指架支着的梁栋。欐（lì），栋、正梁。⑥堡坞（wù）：这里指由山石天然形成的小城堡，因此作者称其"小石城山"。⑦窥：留心注意。⑧洞然：水深的样子。⑨激越：声音高亢清远。⑩已：停止。⑪环：绕道而行。⑫箭：指竹子。⑬益：特别。⑭"其疏数"二句：这些树木和竹子的疏密排列恰到好处，起伏错落，好似被智慧超群的人精心布局过。数（cù），密。偃（yǎn），起伏。类，好似。⑮愈：更是。⑯诚：确实是，的确是。⑰"又怪其"四句：又责怪造物者不让这美丽的小石城山诞生在中原地区，而让它坐落在这般蛮荒之地，历经千百年的变更也不能让世人欣赏到它的风采，实属徒劳无用。中州，中原地区。更，读音为gēng。伎，通"技"，技艺。售，出售，此处指展示。⑱"神者"二句：倘若造物者没有这么多不合时宜的设置，那么造物者大概也就不存在了吧！神者，神奇的造物者。不宜，不合时宜。⑲"以慰"句：小石城山是

为了抚慰那些贤德而被贬谪到此处的人们而存在的。⑳“其气”三句：这一带天地间的灵气不是为了造就伟人，而是为了造就像小石城山这般美好的景物，所以楚之南贤才少而岩石景观富足。

永州韦使君[1]新堂记

【原文】

将为穹谷嵁岩[2]，渊池[3]于郊邑之中，则必辇[4]山石，沟[5]涧壑，凌绝[6]险阻，疲极人力，乃可以有为也。然而求天作地生之状，咸无得焉。逸其人，因其地，全其天，昔之所难，今于是乎在。

永州实惟九疑[7]之麓，其始度[8]土者，环山为城。有石焉，翳于奥草[9]；有泉焉，伏于土涂[10]。蛇虺[11]之所蟠[12]，狸鼠之所游，茂树恶木，嘉葩毒卉[13]，乱杂而争植，号为秽墟。韦公之来既逾月，理甚无事，望其地，且异之。始命芟其芜[14]，行[15]其涂，积之丘如，蠲之浏如[16]。既焚既酾[17]，奇势迭出，清浊辨质，美恶异位。视其植，则清秀敷舒；视其蓄，则溶漾纡余[18]。怪石森然，周于四隅，或列或跪，或立或仆，窍穴逶邃[19]，堆阜突怒。乃作栋宇[20]，以为观游。凡其物类，无不合形辅势，效伎于堂庑[21]之下。外之连山高原，林麓之崖，间厕[22]隐显。迩延野绿，远混天碧，咸会于谯门[23]之外。

已乃延[24]客入观，继以宴娱。或赞且贺，曰：“见公之作，知公之志。公之因土而得胜，岂不欲因俗以成化？公之择恶而取美，岂不欲除残而佑仁？公之蠲浊而流清，岂不欲废贪而立廉？公之居高以望远，岂不欲家抚而户晓？夫然，则是堂也，岂独草木土石水泉之适欤？山原林麓之观欤？将使继公之理者，视其细，知其大也。”宗元请志诸石，措[25]

诸屋漏，以为二千石[26]楷法。

【注释】

①韦使君：指韦宙，元和年间任永州刺史。②穹谷：深谷。嵁(kān)岩：峭壁。③渊池：深地。④辇(niǎn)：人推或拉的车，此处用作动词，用车装载的意思。⑤沟：这里用作动词，开凿，沟通。⑥凌绝：超越。⑦九疑：九疑山，在今湖南宁远境内。⑧度(duó)：勘测，规划。⑨翳(yì)：遮蔽。奥草：深草。⑩涂：污泥。⑪蛇虺(huǐ)：一种毒蛇。⑫蟠：盘屈而伏。⑬葩(pā)：花。卉：草。⑭芜：荒草。⑮行：疏导。⑯蠲(juān)：清洁。浏如：水澄澈的样子。⑰酾(shī)：疏导。⑱溶漾：水动荡的样子。纡(yū)余：曲折环绕。⑲窍穴：山洞。逶邃(suì)：曲折深远的样子。⑳栋宇：堂屋。㉑庑(wǔ)：堂下四周的屋子。㉒间厕：交错。㉓谯(qiáo)门：古代建筑在门楼上用以瞭望的楼。㉔延：邀请。㉕措：放置。㉖二千石：汉代郡守的俸禄为二千石，之后，"二千石"就成了州郡长官的一种代称。

卷五 传

种树郭橐驼传

【原文】

郭橐驼[1]，不知始何名。病瘘[2]，隆然伏行[3]，有类橐驼者，故乡人号之[4]"驼"。驼闻之曰："甚善。名我固当[5]。"因舍其名，亦自谓橐驼云。其乡曰丰乐乡，在长安[6]西。驼业[7]种树，凡长安豪富人为观游[8]及卖果者，皆争迎取养[9]。视驼所种树，或移徙，无不活，且硕茂早实以蕃[10]。他植者虽窥伺傚慕[11]，莫能如也。

有问之，对曰："橐驼[12]非能使木寿且孳[13]也，能顺木之天，以致其性焉尔。凡植木之性，其本欲舒，其培欲平，其土欲故，其筑欲密[14]。既然已，勿动勿虑，去不复顾。其莳也若子[15]，其置也若弃，则其天者全而其性得矣[16]。故吾不害其长[17]而已，非有能硕茂[18]之也；不抑耗其实[19]而已，非有能早而蕃之也。他植者则不然，根拳而土易[20]，其培之也，若不过焉则不及[21]。苟有能反是者，则又爱之太恩[22]，忧之太勤[23]，旦视而暮抚，已去而复顾。甚者爪其肤以验其生枯[24]，摇其本以观其疏密，而木之性日以离[25]矣。虽曰爱之，其实害之；虽曰忧之，其实仇之，故不我若[26]也。吾又何能为哉！"

问者曰："以子之道，移之官理[27]可乎？"驼曰："我知种树而已，理，非吾业也。然吾居乡，见长人者好烦其令[28]，若甚怜焉，而卒以祸。旦暮吏来而呼曰：'官命促尔耕[29]，勖[30]尔植，督尔获。早缫而绪[31]，早织而缕，字[32]而幼孩，遂而鸡豚。'鸣鼓而聚之，击木而召之。吾小人[33]辍飧饔[34]以劳吏者，且不得暇，又何以蕃吾生而安吾性耶？故病且怠。若是，则与吾业者其亦有类乎？"

问者曰："嘻，不亦善夫！吾问养树，得养人术[35]。"传其事以为官戒。

【注释】

①橐（tuó）驼：骆驼。这里指驼背。②病瘘（lǚ）：得了佝偻病。③伏行：弯腰行走。④号之：起了外号来称呼他。号，起外号。⑤名我固当：这样称呼我的确合适。名，称呼。⑥长安：唐朝

都城，在今西安。⑦业：以……为业。⑧为观游：经营园林观赏游玩的场所。为，经营、从事。⑨争迎取养：争相迎接雇用郭橐驼到家中供养。取养，雇用。⑩早实以蕃：很早就结出非常多的果实。早实，早早结果实。实，结果实。蕃，多。⑪“他植者”句：其他种树的人暗中观察，都纷纷效仿他的做法。窥伺，暗中观察。傚慕，仿效。⑫橐驼：自称其名，古人恭敬和正式的自称法，可译为“我”。⑬寿且孳（zī）：寿命长而且繁殖丰茂。孳，繁殖。⑭筑：捣土。密：结实。⑮其莳（shì）也若子：栽种就像呵护子女那般精心。莳，栽种。若子，像呵护子女一样用心。⑯“则其”句：那么就能够保全树木自身的生长规律，同时能够使其获得本性。⑰不害其长：不阻碍它的生长。⑱硕茂：使其硕大繁茂。⑲不抑耗其实：不克制、损耗它的果实生长的天性。⑳根拳：树根蜷曲。土易：换上新土。㉑“若不过”句：如果不是过多那么就是过少。㉒爱之太恩：爱它太情深。恩，此处是“深”的意思。㉓忧之太勤：担忧它太过勤快。㉔“甚者”句：情况比较严重的人选择抓破树皮，用这样的方式来观察树是否存活。爪其肤，抓破树皮。爪，掐、抓。验，观察、检验。生枯，是生还是枯死。㉕日以离：一天一天地失去。㉖不我若：比不上我。㉗官理：当官治民。理，治理，为避高宗李治的名讳，唐人把“治”改称“理”。㉘“见”句：地方官乐于不断发号施令，使其变得繁多。长（zhǎng）人者，指地方官。大县的长官称“令”，小县的长官称“长”。烦其令，不断发号施令。烦，使……繁多。㉙官命：官府的命令。促尔耕：催促你们耕田。㉚勖（xù）：勉励。㉛早缫（sāo）而绪：早点缫好你们的丝。缫，煮茧抽丝。㉜字：抚养。㉝吾小人：我们小百姓。㉞辍飧饔（sūn yōng）：停下吃饭的动作。辍，停止。飧，晚饭。饔，早饭。㉟养人术：治理百姓的方法，应为养民，唐人为避唐太宗李世民的名讳，将“民”改为“人”。

宋清传

【原文】

宋清，长安西部药市人也。居善药。有自山泽来者，必归宋清氏，清优主之。长安医工得清药辅其方，辄易雠[①]，咸誉清。疾病疕疡者，亦皆乐就清求药，冀速已。清皆乐然响应，虽不持钱者，皆与善药，积券如山，未尝诣取直。或不识遥与券，清不为辞。岁终，度不能报，辄焚券，终不复言。市人以其异，皆笑之，曰："清，蚩妄人也。"或曰："清其有道者欤？"清闻之曰："清逐利以活妻子耳，非有道也，然谓我蚩妄者也亦谬。"

清居药四十年，所焚券者百数十人，或至大官，或连数州，受俸博，其馈遗清者，相属于户。虽不能立报，而以赊死者千百，不害清之为富也。清之取利远，远故大，岂若小市人哉？一不得直，则怫然怒，再则骂而仇耳。彼之为利，不亦翦翦[②]乎！吾见蚩[③]之有在也。清诚以是得大利，又不为妄，执其道不废，卒以富。求者益众，其应益广。或斥弃沉废，亲与交；视之落然者，清不以怠，遇其人，必与善药如故。一旦复柄用，益厚报清。其远取利，皆类此。

吾观今之交乎人者，炎而附，寒而弃，鲜有能类清之为者。世之言，徒曰"市道交"。呜呼！清，市人也，今之交有能望报如清之远者乎？幸而庶几，则天下之穷困废辱得不死亡者众矣，"市道交"岂可少耶？或曰："清，非市道人也。"柳先生曰："清居市不为市之道，然而居朝廷、居官府、居庠塾[④]乡党以士大夫自名者，反争为之不已，悲夫！然则清非独异于市人也。"

【注释】

①雠：出售，交易。②翦翦：心胸狭窄的样子。③蚩（chī）：愚蠢，无知。④庠塾（xiáng shú）：地方学校的泛称。

童区寄[①]传

【原文】

柳先生曰：越人[②]少恩，生男女必货视之[③]。自毁齿[④]已上，父兄鬻卖[⑤]，以觊其利。不足，则取他室，束缚钳梏[⑥]之。至有须鬣者[⑦]，力不胜，皆屈为僮。当道相贼杀以为俗。幸得壮大，则缚取么弱者。汉官因以为己利[⑧]，苟得僮，恣所为[⑨]不问。以是越中户口滋耗[⑩]。少得自脱[⑪]，惟童区寄以十一岁胜[⑫]，斯亦奇矣。桂部从事[⑬]杜周士为余言之。

童寄者，柳州荛牧儿[⑭]也。行牧且荛[⑮]，二豪贼劫持反接[⑯]，布囊其口[⑰]，去逾四十里之墟所卖之。寄伪儿啼，恐栗为儿恒状[⑱]。贼易[⑲]之，对饮酒醉。一人去为市[⑳]，一人卧，植刃道上[㉑]。童微伺[㉒]其睡，以缚背刃[㉓]，力下上[㉔]，得绝，因取刃杀之。逃未及远，市者还，得童大骇。将杀童，遽[㉕]曰："为两郎僮，孰若为一郎僮耶？彼不我恩[㉖]也。郎诚见完与恩[㉗]，无所不可。"市者良久计曰："与其杀是僮，孰若卖之；与其卖而分，孰若吾得专焉。幸而杀彼，甚善。"即藏其尸，持童抵主人所，愈束缚牢甚。夜半，童自转，以缚即炉火烧绝之，虽疮[㉘]手勿惮，复取刃杀市者。因大号[㉙]，一墟皆惊。童曰："我区氏儿也，不当为僮。贼二人得我，我幸皆杀之矣，愿以闻于官[㉚]。"

墟吏白州[㉛]，州白大府[㉜]，大府召视，儿幼愿[㉝]耳。刺史颜证[㉞]奇之，留为小吏，不肯。与衣裳，吏护还之乡[㉟]。乡之行劫缚者[㊱]，侧目莫敢过其门。皆曰："是儿少秦武阳[㊲]二岁，而讨杀二豪，岂可近耶！”

【注释】

①童：儿童。区寄：姓区名寄。②越人：古代岭南一带为越族所居。这一带人被称为越人。③货视之：像看待货物一样将人做买卖。④毁齿：指换乳牙。⑤鬻（yù）卖：卖。⑥钳梏（gù）：用铁箍圈住脖颈，用木铐铐手。⑦至有须鬣（liè）者：甚至有因拘禁了太长时间而长了胡须的成年人。鬣，髭须。⑧汉官：唐王朝派去管理少数民族地区的汉族地方官。因以为己利：依此来为自己谋利。⑨恣所为：任由他们胡作非为。恣，放任、放纵。⑩滋耗：日益减少。这里指死亡的人数增多，人口锐减。⑪少得自脱：鲜少有人能够自己从中脱身的。⑫以十一岁胜：年仅十一岁就自己脱身。⑬桂部：桂部是“岭南五管”之一，即桂州都督府。从事：官名，州都地方长官的副手。⑭柳州荛（ráo）牧儿：柳州打柴放牧的孩童。荛，打柴。⑮行牧且荛：边放牧边砍柴。行，从事。⑯豪贼：蛮横的强盗。反接：把手反到背后捆起来。⑰布囊其口：用布塞住他的口。⑱恐栗：恐惧而发抖。为儿恒状：表现出孩童常有的模样。⑲易：轻易。此处是放松警惕的意思。⑳为市：去做生意。㉑植刃道上：将刀子插在路上。㉒微伺：偷偷地等候。㉓以缚背刃：将捆他的绳子靠在刀刃上。㉔力上下：用力上下来回割绳子。㉕遽（jù）：急忙。㉖不我恩：不好好对待我。㉗“郎诚见”句：你果真能够护我的周全并好好待我。完，保全。㉘疮：这里指烧伤。㉙大号（háo）：大声呼叫。㉚愿以闻于官：想要将这件事禀告给官府。㉛“墟吏”句：墟吏：掌管集市的官吏。白：报告。州：指州官。㉜大府：大于州和府的官府，此处为桂管观察使府。㉝幼愿：年幼而老实。㉞刺史：州的行政长官。颜证：人名。㉟护还之乡：护送他返乡。之，指代区寄。㊱行劫缚者：专门绑架，抢劫的人。㊲秦武阳：战国时期燕国

的少年勇士，十三岁便已杀人，燕太子丹派其辅助荆轲刺杀秦王。

梓人[1]传

【原文】

裴封叔之第，在光德里。有梓人款[2]其门，愿佣隟宇[3]而处焉。所职寻引[4]、规矩[5]、绳墨[6]，家不居砻斫[7]之器。问其能，曰："吾善度材，视栋宇之制，高深、圆方、短长之宜，吾指使而群工役焉。舍我，众莫能就一宇。故食于官府，吾受禄三倍；作于私家，吾收其直太半焉。"他日，入其室，其床阙足而不能理，曰："将求他工。"余甚笑之，谓其无能而贪禄嗜货者。

其后京兆尹将饰官署，余往过焉。委[8]群材，会众工。或执斧斤[9]，或执刀锯，皆环立向之。梓人左持引右执杖而中处焉。量栋宇之任，视木之能，举挥其杖曰："斧！"彼执斧者奔而右；顾而指曰："锯！"彼执锯者趋而左。俄而斤者斫、刀者削，皆视其色，俟其言，莫敢自断者。其不胜任者，怒而退之，亦莫敢愠焉。画宫于堵，盈尺而曲尽其制，计其毫厘而构大厦，无进退焉。既成，书于上栋，曰"某年某月某日某建"，则其姓字也。凡执用之工不在列。余圜视大骇，然后知其术之工大矣。

继而叹曰：彼将舍其手艺，专其心智，而能知体要者欤？吾闻劳心者役人，劳力者役于人，彼其劳心者欤？能者用而智者谋，彼其智者欤？是足为佐天子、相天下法矣！物莫近乎此也。彼为天下者本于人。其执役者，为徒隶，为乡师、里胥；其上为下士；又其上为中士、为上士；又其上为大夫、为卿、为公。离而为六职[10]，判而为百役。外薄四海，有方伯、连率[11]。郡有守，邑有宰，皆有佐政[12]。其下有胥吏，又其下皆有啬夫、版尹[13]，以就役焉，犹众工之各有执伎以食力也。彼佐天子相天下者，举而加焉，指而使焉，条其纲纪而盈缩焉，齐其法制而整顿焉，犹梓人之有规矩、绳墨以定制也。择天下之士，使称其职；居天下之人，使安其业。视都知野，视野知国，视国知天下，其远迩细大，可手据其图而究焉，犹梓人画宫于堵而绩于成也。能者进而由之，使无所德；不能者退而休之，亦莫敢愠。不炫能，不矜名，不亲小劳，不侵众官，日与天下之英才讨论其大经，犹梓人之善运众工而不伐[14]艺也。夫然后相道得而万国理矣。相道既得，万国既理，天下举首而望曰："吾相之功也。"后之人循迹而慕曰："彼相之才也。"士或谈殷、周之理者，曰伊、傅、周、召[15]，其百执事之勤劳而不得纪焉，犹梓人自名其功而执用者不列也。大哉相乎！通是道者，所谓相而已矣。其不知体要者反此：以恪勤为公，以簿书为尊，炫能矜名，亲小劳，侵众官，窃取六职百役之事，听听[16]于府廷，而遗其大者远者焉，所谓不通是道者也。犹梓人而不知绳墨之曲直、规矩之方圆、寻引之短长，姑夺众工之斧斤刀锯以佐其艺，又不能备其工，以至败绩用而无所成也。不亦谬欤？

或曰："彼主为室者，傥[17]或发其私智，牵制梓人之虑，夺其世守而道谋[18]是用，虽不能成功，岂其罪耶？亦在任之而已。"余曰：不然。夫绳墨诚陈，规矩诚设，高者不可抑而下也，狭者不可张而广也。由我则固，不由我则圮[19]。彼将乐去固而就圮也，则卷其术，默其智，悠尔而去，不屈吾道，是诚良梓人耳。其或嗜其货利，忍而不能舍也，丧其制量，屈而不能守也，栋挠[20]屋坏，则曰："非我罪也"，可乎哉，可乎哉？

余谓梓人之道类于相，故书而藏之。梓人，盖古之审曲面势者，今谓之都料匠云。余所遇者，杨氏，潜其名。

【注释】

①梓人：木工，建筑工匠。②款：叩。③隟宇：空房。④职：掌管。寻、引：度量工具。⑤规：圆规。矩：曲尺。⑥绳墨：墨斗。⑦砻：磨。斫：砍。⑧委：堆积。⑨斧斤：伐木的工具。⑩六职：指吏、户、礼、兵、刑、工六部。⑪方伯：古代诸侯的领袖。连率：盟主、统帅。二者均指地方长官。⑫佐政：副职，辅佐刺史和县令的官员。⑬啬夫：负责诉讼和赋税的乡官。版尹：管户口的小官。⑭伐：夸耀。⑮伊、傅、周、召：分别指伊尹、傅说、周公、召公。⑯听听：辩论的样子。⑰傥：倘若，假如。⑱道谋：过路人的看法。⑲圮：倒塌。⑳挠：弯曲。

蝜蝂传

【原文】

蝜蝂[①]者，善负小虫也。行遇物，辄持取，卬[②]其首负之。背愈重，虽困剧[③]不止也。其背甚涩[④]，物积因不散，卒踬仆[⑤]不能起。人或怜之，为去其负。苟[⑥]能行，又持取如故。又好上高[⑦]，极其力不已，至坠地死。

今世之嗜取者[⑧]，遇货[⑨]不避，以厚[⑩]其室，不知为己累也，唯恐其不积。及其怠而踬[⑪]也，黜弃[⑫]之，迁徙[⑬]之，亦以病[⑭]矣。苟能起，又不艾[⑮]。日思高其位，大其禄，而贪取滋甚，以近于危坠，观前之死亡[⑯]不知戒。虽其形魁然大者也，其名人[⑰]也，而智则小虫也。亦足哀夫！

【注释】

①蝜蝂（fù bǎn）：一种黑色小虫，背隆起部分可背负物品。②卬（áng）：同“昂”，抬起。③困剧：十分疲乏劳累。困，疲乏。

剧，十分、格外。④涩：不光滑。⑤踬仆（zhì pū）：跌倒在地，此处为被东西压倒之意。⑥苟：只要，如果。⑦好（hào）上高：喜欢爬到高的地方。⑧嗜取者：贪得无厌之人。嗜，贪、喜好。⑨货：此处泛指财物。⑩厚：丰厚。⑪怠（dài）而踬：懈怠而跌倒。怠，通“殆”，懈怠。踬，跌倒，此处指垮台失败。⑫黜（chù）弃：罢官。⑬迁徙：这里指被贬，流放。⑭以：通“已”，已经。病：疲惫。⑮不艾（ài）：不停息。⑯前之死亡：前面贪图钱财而死的人。⑰名人：被称作人。

卷六　说

天说

【原文】

韩愈谓柳子曰：“若知天之说[①]乎？吾为子言天之说。今夫人有疾痛、倦辱、饥寒甚者，因仰而呼天曰：‘残民者昌，佑民者殃！’又仰而呼天曰：‘何为使至此极戾[②]也？’若是者，举不能知天。夫果蓏[③]，饮食既坏，虫生之；人之血气败逆壅底[④]，为痈疡、疣赘、瘘痔[⑤]，虫生之；木朽而蝎[⑥]中，草腐而萤飞，是岂不以坏而后出耶？物坏，虫由之生；元气阴阳[⑦]之坏，人由之生。虫之生而物益坏，食啮[⑧]之，攻穴之，虫之祸物也滋甚。其有能去之者，有功于物者也；繁而息之者，物之雠也。人之坏元气阴阳也亦滋甚：垦原田，伐山林，凿泉以井饮，窾墓[⑨]以送死，而又穴为偃溲[⑩]，筑为墙垣、城郭、台榭、观游，疏为川渎[11]、沟洫[12]、陂池[13]，燧木以燔[14]，革金以镕，陶甄琢磨[15]，悴然[16]使天地万物不得其情，倖倖冲冲[17]，攻残败挠而未尝息。其为祸元气阴阳也，不甚于虫之所为乎？吾意有能残斯人[18]使日薄岁削[19]，祸元气阴阳者滋少，是则有功于天地者也；繁而息之者，天地之雠也。今夫人举不能知天，故为是呼且怨也。吾意天闻其呼且怨，则有功者受赏必大矣，其祸焉者受罚亦大矣。子以吾言为何如？”

柳子曰：“子诚有激而为是耶？则信辩且美矣。吾能终其说。彼上而玄[20]者，世谓之天；下而黄者，世谓之地；浑然而中处者[21]，世谓之元气；寒而暑者，世谓之阴阳。是虽大，无异果蓏、痈痔、草木也。假而有能去其攻穴者，是物也，其能有报乎？繁而息之者，其能有怒乎？天地，大果蓏也；元气，大痈痔也；阴阳，大草木也，其乌能赏功而罚祸乎？功者自功，祸者自祸，欲望其赏罚者大谬；呼而怨，欲望其哀且仁者，愈大谬矣。子而信子之仁义以游其内，生而死尔，乌[22]置存亡得丧于果蓏、痈痔、草木耶？”

【注释】

①说：说法，道理。②极戾（lì）：极其不合理。③果蓏（luǒ）：瓜类果实。④败逆壅（yōng）底：（血气）败坏流动不通畅。⑤痈（yōng）：红肿的疮疖。疡（yáng）：痈疮。疣赘（yóu zhuì）：肉瘤。瘘（lòu）：颈部的肿疮。痔（zhì）：耳鼻中所生的赘瘤。⑥蝎：蛀木的蠹虫，也就是蛀虫。⑦阴阳：中国古代哲学的一对概念，是说相互对立消长的两种元素。⑧啮（niè）：咬，啃。⑨窾（kuǎn）墓：凿挖坟坑。⑩偃溲（sōu）：厕所。⑪疏：疏通、开浚。川渎（dú）：河道。⑫沟洫（xù）：沟渠。⑬陂（bēi）池：池塘。⑭燧（suì）：古代取火的工具。燔（fán）：烧。⑮陶甄（zhēn）：制造陶器。琢磨：修治玉器。⑯悴（cuì）然：虚弱不振的样子。⑰倖

悻：怒气冲冲的样子。冲冲：冲突的样子。⑱斯人：这些人。⑲日薄岁削：一天一天逼迫，一年一年削减。⑳玄：青色，这里指天的颜色。㉑浑然：形容大而弥漫、充盈四周的状态。中处：处在中间。㉒乌：何，怎么。

捕蛇者说

【原文】

永州[①]之野产异蛇，黑质而白章[②]，触草木尽死，以啮人[③]，无御之者。然得而腊之[④]以为饵，可以已大风、挛踠、瘘、疠[⑤]，去死肌，杀三虫[⑥]。其始，太医以王命聚之[⑦]，岁赋其二[⑧]，募[⑨]有能捕之者，当其租入[⑩]，永之人争奔走[⑪]焉。

有蒋氏者，专其利[⑫]三世矣。问之，则曰：“吾祖死于是[⑬]，吾父死于是，今吾嗣为之十二年，几[⑭]死者数矣。”言之，貌若甚戚者[⑮]。余悲之，且曰：“若毒之乎[⑯]？余将告于莅事者[⑰]，更若役[⑱]，复若赋，则何如？”

蒋氏大戚，汪然[⑲]出涕，曰：“君将哀而生之乎？则吾斯役之不幸，未若复吾赋不幸之甚也。向吾不为斯役，则久已病[⑳]矣。自吾氏三世居是乡，积于今六十岁矣，而乡邻之生日蹙[㉑]。殚其地之出，竭其庐之入，号呼而转徙，饥渴而顿踣[㉒]，触风雨，犯寒暑，呼嘘毒疠，往往而死者相藉[㉓]也。曩[㉔]与吾祖居者，今其室十无一焉；与吾父居者，今其室十无二三焉；与吾居十二年者，今其室十无四五焉，非死而徙尔。而吾以捕蛇独存。悍吏之来吾乡，叫嚣乎东西，隳突[㉕]乎南北，哗然而骇者，虽鸡狗不得宁焉。吾恂恂[㉖]而起，视其缶[㉗]，而吾蛇尚存，则弛然[㉘]而卧。谨食之，时而献焉。退而甘食其土之有，以尽吾齿[㉙]。盖一岁之犯死者二焉，其余则熙熙[30]而乐，岂若吾乡邻之旦旦[31]有是哉！今虽死乎此，比吾乡邻之死则已后矣，又安敢毒耶？”

余闻而愈悲。孔子曰：“苛政猛于虎也！”吾尝疑乎是，今以蒋氏观之，犹信。呜呼！孰知赋敛之毒，有甚是蛇者乎！故为之说，以俟夫观人风者得焉。

【注释】

①永州：位于湖南西南部。②黑质而白章：黑色的身体，白色的花纹。③以啮（niè）人：用剧毒的牙齿咬人。④得而腊之：抓到并把它的肉晾干。腊，干肉，这里用作动词，指把蛇肉晾干。⑤“可以”句：可以用来治好麻风病、手脚不能伸展、脖子肿、毒疮这些症状。已，止、治愈。大风，麻风病。挛踠（luán wǎn），手脚弯曲不能伸展，也就是今天所说的关节炎等。疠（lì），麻风病。⑥“去死肌”二句：去除坏死的肌肉，杀死体内的寄生虫。⑦“太医”句：太医用皇帝的命令去征集这种毒蛇。以，用。命，命令。聚，征集。之，这种蛇，指永州异蛇。⑧岁赋其二：每年征收两次。岁，每年。赋，征收、敛取。其，这种蛇，指永州异蛇。二，两次。⑨募：招收。⑩当其租入：（允许用蛇）抵他的税赋。当，充抵。⑪奔走：指忙着做某件事。⑫专其利：独占这种（捕蛇抵税的）优势。⑬死于是：死在（捕蛇）这件事上。是，代词，这件事。⑭几：几乎，差点儿。⑮貌若甚戚者：表情好像非常难过。戚，悲伤。⑯若毒之乎：你怨恨（捕蛇）这件事吗？⑰莅事者：管理征税的官员。⑱更若役：更换你的差事。役，给官府做苦力。⑲汪然：泪流不止的样子。⑳病：苦不堪言。㉑蹙（cù）：窘迫。㉒顿踣（bó）：（劳累地）跌倒在地上。㉓死者相藉（jiè）：尸体互相压着。形容死去的人很多。藉，枕、垫。㉔曩（nǎng）：从前。㉕隳（huī）突：骚扰。㉖恂恂（xún xún）：心惊胆战的样子。㉗缶（fǒu）：瓦罐。㉘弛然：放心的样子。㉙齿：年龄。㉚熙熙：愉悦的样子。㉛旦旦：天天。

谪龙说

【原文】

扶风马孺子言：年十五六时，在泽州，与群儿戏郊亭上。顷然，有奇女坠地，有光晔然，被缬[①]裘白纹之里，首步摇之冠[②]。贵游少年骇且悦之，稍狎焉。奇女頩尔[③]怒曰："不可。吾故居钧天帝宫，下上星辰，呼嘘阴阳，薄蓬莱，羞昆仑，而不即者。帝以吾心侈大，怒而谪来，七日当复。今吾虽辱尘土中，非若俪也。吾复，且害若。"众恐而退。遂入居佛寺讲室焉。及期，进取杯水饮之，嘘成云气，五色脩脩也。因取裘反之，化为白龙，徊翔登天，莫知其所终。亦怪甚矣。

呜呼！非其类而狎其谪不可哉。孺子不妄人也，故记其说。

【注释】

①缬（zōu）：青赤色。②"首步"句：头上戴着步摇冠。步摇冠，是古时贵妇头上戴的一种悬挂许多垂珠的冠，装饰品随着人的步伐而摇摆，因此得名。③頩（pīng）尔：脸色严肃的样子。

罴[①]说

【原文】

鹿畏貙[②]，貙畏虎，虎畏罴。罴之状，被发[③]人立，绝[④]有力而甚害人焉。楚[⑤]之南有猎者，能吹竹为[⑥]百兽之音。昔云持弓矢罂火[⑦]而即之山，为鹿鸣以感[⑧]其类，伺其至，发火而射之。貙闻其鹿也，趋[⑨]而至。其人恐，因为[⑩]虎而骇之。貙走而虎至，愈恐，则又为罴。虎亦亡去。罴闻而求其类，至则人也，捽搏[⑪]挽裂而食之。

今夫不善内[12]而恃外者，未有不为罴之食也。

【注释】

①罴（pí）：熊的一种，也被称为“马熊”和“人熊”。②貙（chū）：古书上记载的一种长相似山猫，形体较大的野兽。③被发：披散毛发。④绝：极。⑤楚：指今湖南、湖北一带，春秋战国时期其地属楚国。⑥为：模仿。⑦罂（yīng）火：装在瓦罐中的灯火。罂，一种口小肚大的用来盛酒的器皿。⑧感：召唤，引诱。⑨趋：疾步行走。⑩因：于是。为：模仿。⑪捽（zuó）：揪住。搏：搏击，抓。⑫善内：改善内部。

鹘说

【原文】

有鸷曰鹘者，穴于长安荐福浮图有年矣。浮图之人室宇于其下者，伺之甚熟，为余说之曰：“冬日之夕，是鹘也，必取鸟之盈握者完而致之，以燠[①]其爪掌，左右而易之。旦则执而上浮图之跂[②]焉，纵之，延其首以望，极其所如往，必背而去焉。苟东矣，则是日也不东逐，南北西亦然。”

呜呼！孰谓爪吻毛翮[③]之物而不为仁义器耶？是固无号位爵禄之欲，里闾亲戚朋友之爱也，出乎鷇[④]卵，而知攫食决裂之事尔，不为其他。凡食类之饥，唯旦为甚，今忍而释之，以有报也。是不亦卓然有立者乎？用其力而爱其死，以忘其饥，又远而违之，非仁义之道耶？恒其道，一其志，不欺其心，斯固世之所难得也。

余又疾夫今之说曰：以煦煦而嘿[⑤]，徐徐而俯者，善之徒；以翘翘而厉，炳炳而白者，暴之徒。今夫枭鸺[⑥]，晦于昼而神于夜；鼠不穴寝庙[⑦]，循墙而走[⑧]，是不近于煦煦者耶？今夫鹘，其立趯[⑨]然，其动砉然[⑩]，其视的然，其鸣革然，是不近于翘翘者耶？由是而观其所为，则今之说为未得也。孰若鹳者，吾愿从之。毛耶翮耶，胡不我施？寂寥太清，乐以忘饥。

【注释】

①燠（yù）：热，暖。②跂（qǐ）：踮起脚尖，此处是指塔的顶端。③翮（hé）：羽茎。④瞉（kòu）：尚需鸟妈妈哺食的雏鸟。⑤以煦（xù）煦而嘿：温和而沉默无言。煦煦，和悦的样子。嘿，沉默。⑥枭：猛鸟。昼伏夜出且专捕食小鸟。鸺（xiū）：猫头鹰。⑦鼠不穴寝庙：老鼠不敢在宗庙挖洞穴。寝庙，住宅和宗庙，有时也泛指住宅。典故出自《左传·襄公二十三年》，“臧武仲曰：‘夫鼠昼伏夜动，不穴于寝庙，畏人故也。’”⑧循墙而走：沿着墙走，形容恭谨。典故出自《左传·昭公七年》：“一命而偻，再命而伛，三命而俯，循墙而走。”⑨趯（tì）：跳。⑩砉（huā）然：象声词，形容因动作迅速发出的声音。

观八骏图说

【原文】

古之书有记周穆王驰八骏升昆仑之墟者[①]，后之好事者为之图，宋、齐以下传之。观其状甚怪，咸若骞若翔，若龙凤麒麟，若螳螂然。其书尤不经，世多有，然不足采。世闻其骏也，因以异形求之。则其言圣人者，亦类是矣。故传伏羲曰牛首，女娲曰其形类蛇[②]，孔子如倛头[③]，若是者甚众。孟子曰：“何以异于人哉？尧、舜与人同耳！”

今夫马者，驾而乘之，或一里而汗，或十里而汗，或千百里而不汗者，视之，毛物尾鬣，四足而蹄，龁草饮水。一也。推是而至于骏，亦类也。今夫人，有不足为负贩者，有不足为吏者，有不足为士大夫者，有足为者，视之，圆首横目，食谷而饱肉，絺[4]而清，裘而燠，一也。推是而至于圣，亦类也。然则伏羲氏、女娲氏、孔子氏，是亦人而已矣。骅骝[5]、白羲[6]、山子[7]之类，若果有之，是亦马而已矣。又乌得为牛，为蛇，为倛头，为龙、凤、麒麟、螳螂然也哉？

然而世之慕骏者，不求之马，而必是图之似，故终不能有得于骏也。慕圣人者，不求之人，而必若牛、若蛇、若倛头之问。故终不能有得于圣人也。诚使天下有是图者，举而焚之，则骏马与圣人出矣。

【注释】

①“古之书”句：古书中记载周穆王驾八骏之车，升上昆仑之墟。典故出自《列子》。②“女蜗”句：称女娲的身形与蛇相类似。《帝王世纪》记载，伏羲、女娲，蛇身人首。③倛（qī）头：古时术士进行驱鬼仪式所戴的面具，面具之容诡异恐怖。④絺（chī）：细葛布做的衣服。⑤骅骝（huá liú）：赤红色的骏马。常指代骏马。⑥白羲：白义。⑦山子：指假山，泛指良马。

卷七　文

骂尸虫文并序

【原文】

有道士[1]言：“人皆有尸虫[2]三，处腹中，伺人隐微[3]失误，辄籍[4]记。日庚申，幸其人之昏睡，出谗于帝以求飨。以是人多谪过、疾疠、夭死[5]。”柳子特不信，曰：“吾闻聪明正直者为神。帝，神之尤者，其为聪明正直宜大也，安有下比阴秽小虫，纵其狙诡[6]，延其变诈，以害于物，而又悦之以飨？其为不宜也殊甚[7]！吾意斯虫若果为是，则帝必将怒而戮之，投于下土[8]，以殄[9]其类，俾夫人咸得安其性命而苛慝[10]不作，然后为帝也。”余既处卑，不得质之于帝，而嫉斯虫之说，为文而骂之：

来，尸虫！汝曷不自形其形[11]？阴幽跪侧而寓乎人，以贼厥灵。膏肓[12]是处兮，不择秽卑；潜窥默听兮，导人为非；冥持札牍兮，摇动祸机；卑陬拳缩[13]兮，宅体险微。以曲为形，以邪为质；以仁[14]为凶，以僭为吉；以淫谀谄诬为族类，以中正和平为罪疾；以通行直遂为颠蹶[15]，以逆施反斗[16]为安佚。谮下谩上[17]，恒其心术，妒人之能，幸人之失。利昏伺睡，旁睨窃出，走谗于帝，遽入自屈。幂然[18]无声，其意乃毕。求味己口，胡人之恤！彼修蛔恙心，短蛲穴胃[19]，外搜疥疠，下索瘘痔，侵人肌肤，为己得味。世皆祸之，则惟汝类。良医刮杀，聚毒攻饵[20]。旋死无余，乃行正气。汝虽巧能，未必为利。帝之聪明，宜好正直，宁悬嘉飨，答汝谗慝[21]？叱付九关[22]，贻虎豹食。下民舞蹈，荷[23]帝之力。是则宜然，何利之得！速收汝之生，速灭汝之精[24]。蓐收[25]震怒，将敕雷霆，击汝酆都[26]，糜烂纵横。俟帝之命，乃施于刑。群邪殄夷，大道[27]显明，害气永革，厚人之生，岂不圣且神欤！

祝曰：尸虫逐，祸无所伏，下民百禄。惟帝之功，以受景福[28]。尸虫诛，祸无所庐，下民其苏[29]。惟帝之德，万福来符。臣拜稽首，敢告于玄都[30]。

【注释】

①道士：道教教徒。②尸虫：道教徒把在人体内作祟的神称

为“三尸”。③伺人：偷看人。隐微：细小。④辄：即，就。籍：簿册。⑤谪过：因过失被苛责。疾疠（lì）：瘟疫。夭死：短命早死。⑥狙（jū）诡：乘机玩弄诡计。⑦殊甚：特别过分。⑧下土：地，对天而言。⑨殄（tiǎn）：灭绝。⑩苛：疾病。慝（tè）：灾害。⑪自形其形：自己显露自己的外形。前一个“形”是显露的意思，后一个“形”是形状之意。⑫膏肓：膏是中国古代医学中指心脏的下部，肓是隔膜部分，它们被视为药物不起作用的部分。⑬卑陬（zōu）拳缩：缩头缩脑蜷成一团。⑭仁：指政治理想和道德标准，与下句的“僭”相对，意思是安分守己。⑮颠蹶（jué）：跌倒。⑯逆施（yí）反斗：崎岖小路。与上句的“通行直遂”相对。施，斜行。反，倾倒。斗，通“陡”，陡峭。⑰谮（zèn）：诬陷。谩（mán）：欺骗，蒙蔽。⑱幂然：遮盖得十分严密的样子。⑲蛲（náo）：蛲虫。穴：钻孔。⑳攻饵：用药物治疗。㉑谗慝：谗言邪恶。㉒叱：呵斥。九关：古代神话传说中天门有九重，每重都有虎豹把守。㉓荷：仰仗，承蒙。㉔精：精气。㉕蓐（rù）收：神话传说中管刑罚的天神。㉖酆（fēng）都：古代神话传说中阴司所在地。㉗大道：指作者在思想和政治方面的主张。㉘景福：大福。㉙苏：再生。㉚玄都：古代神话传说中神仙的住所。此处指天帝所在之地。

宥蝮蛇文并序

【原文】

家有僮，善执蛇。晨持一蛇来谒曰：“是谓蝮蛇[①]。犯于人，死不治。又善伺人，闻人咳喘步骤，辄不胜其毒，捷取巧噬肆其害。然或慊[②]不得于人，则愈怒，反啮草木，草木立死。后人来触死茎，犹堕指、挛腕、肿足，为发病。必杀之，是不可留。”余曰：“汝恶得之？”曰：“得之榛中。”曰：“榛中若是者可既乎？”曰：“不可，其类甚博。”余谓僮曰：“彼居榛中，汝居宫内，彼不汝即，而汝即彼，犯而斗死以执而谒者，汝实健且险，以轻近是物。然而杀之，汝益暴矣。彼耕获者、求薪苏[③]者，皆土其乡，知防而入焉，执耒、操鞭、持芟，扑以远其害。汝今非有求于榛者也，密汝居，易[④]汝庭，不凌奥，不步暗[⑤]，是恶能得而害汝？且彼非乐为此态也，造物者赋之形，阴与阳命之气，形甚怪僻，气甚祸贼，虽欲不为是不可得也。是独可悲怜者，又孰能罪而加怒焉？汝勿杀也。”余悲其不得已而所为若是，叩其脊，谕而宥之。其辞曰：

吾悲夫天形汝躯，绝翼去足，无以自扶，曲膂屈胁，惟行之纡。目兼蜂虿[⑥]，色混泥涂，其颈蹙恧[⑦]，其腹次且，褰[⑧]鼻钩牙，穴出榛居。蓄怒而蟠，衔毒而趋，志蕲害物，阴妒潜狙。汝之禀受若是，虽欲为鼋[⑨]为螾[⑩]，焉可得已？凡汝之为恶，非乐乎此，缘形役性，不可自止。草摇风动，百毒齐起，首拳脊努，呐舌摇尾。不逞其凶，若病乎己。世皆寒心，我独悲尔。吾将薙[⑪]吾庭，葺吾楹，窒吾垣，严吾扃[⑫]，俾奥草不植，而穴巢不萌。与汝异途，不相交争。虽汝之恶，焉得而行？

嘻！造物者胡甚不仁，而巧成汝质。既禀乎此，能无危物？贼害无辜，惟汝之实。阴阳为戾，假汝忿疾。余胡汝尤，是戮是抶[⑬]。宥汝于野，自求终吉。彼樵竖持芟[⑭]，农夫执耒，不幸而遇，将除其害，余力一挥，应手糜碎。我虽汝活，其惠实大。他人异心，谁释汝罪？形既不化，中焉能悔？呜呼悲乎！汝必死乎！毒而不知，反讼其内。今虽宽焉，后则谁赉[⑮]？阴阳尔，造化尔，道乌乎在？可不悲欤！

【注释】

①蝮蛇：南方常见的一种毒蛇。②慊（qiàn）：不满足。③薪

苏：柴火。④易：割草木。⑤暗：晦暗。⑥蜂虿（fēng chài）：蜂与蝎，都是有毒刺的螫虫。⑦恧（nǜ）：温和。⑧褰（qiān）：掀起。⑨鼃（wā）：青蛙，蛤蟆。⑩螾（yǐn）：寒蚓，指寒冷天气出来活动的蚯蚓类动物。⑪薙（tì）：清除野草。⑫扃（jiōng）：关门。⑬抶（chì）：鞭打。⑭芟（shān）：割草。⑮赉（lài）：赐予，给予。

憎王孙文

【原文】

猿、王孙[①]居异山，德异性，不能相容。猿之德静以恒，类仁让孝慈。居相爱，食相先，行有列，饮有序。不幸乖离，则其鸣哀。有难，则内其柔弱者。不践稼蔬。木实未熟，相与视之谨；既熟，啸呼群萃，然后食，衎衎[②]焉。山之小草木，必环而行遂其植。故猿之居山恒郁然。王孙之德躁以嚣，勃诤号呶[③]，唶唶强强[④]，虽群不相善也。食相噬啮，行无列，饮无序。乖离而不思。有难，推其柔弱者以免。好践稼蔬，所过狼籍披攘。木实未熟，辄龁[⑤]咬投注。窃取人食，皆知自实其嗛[⑥]。山之小草木，必凌挫折挽，使之瘁然后已。故王孙之居山恒蒿然。以是猿群众则逐王孙，王孙群众亦龃[⑦]猿。猿弃去，终不与抗。然则物之甚可憎，莫王孙若也。余弃山间久，见其趣如是，作《憎王孙》云：

湘水之浟浟[⑧]兮，其上群山。胡兹郁而彼瘁兮，善恶异居其间。恶者王孙兮善者猿，环行遂植兮止暴残。王孙兮甚可憎！噫，山之灵[⑨]兮，胡不贼旃[⑩]？跳踉叫嚣兮，冲目宣龂[⑪]。外以败物兮，内以争群。排斗善类兮，哗骇披纷。盗取民食兮，私己不分。充嗛果腹[⑫]兮，骄傲欢欣。嘉华美木兮硕而繁，群披竞啮兮枯株根。毁成败实兮更怒喧，居民怨苦兮号穹旻[⑬]。王孙兮甚可憎！噫，山之灵兮，胡独不闻？

猿之仁兮，受逐不校。退优游兮，惟德是效。廉、来同兮圣囚[14]，禹、稷合兮凶诛[15]。群小遂[16]兮君子违[17]，大人聚兮孽[18]无余。善与恶不同乡兮，否泰[19]既兆其盈虚。伊细大之固然兮，乃祸福之攸趋[20]。王孙兮甚可憎！噫，山之灵兮，胡逸而居？

【注释】

①王孙：猢狲，猴子的别称。②衎衎（kàn）：和气愉悦的样子。③勃诤：相争。号呶：号叫。④唶唶（zé）：象声词。强强：相随的样子。⑤龁（hé）：咬。⑥嗛（qiǎn）：猴类两颊内储藏食物的皮囊。⑦齰（zé）：咬。⑧滺滺（yóu）：水流动的样子。⑨山之灵：山神。⑩贼：诛杀。⑪宣龂（yín）：露出牙龈肉。⑫果腹：填饱肚子。⑬穹旻（qióng mín）：苍天。⑭廉、来：指飞廉和恶来，相传是殷纣王的臣子。圣：指周文王。囚：周文王曾被殷纣王囚禁在羑（yǒu）里（今河南安阳）。⑮禹、稷：夏禹和后稷，两人是舜向尧举荐的两个贤才，指舜任用禹、稷除去四凶——浑敦、穷奇、梼杌（táo wù）、饕餮（tāo tiè）。⑯遂：得逞。⑰违：遭殃。⑱孽：妖害。⑲否（pǐ）泰：原本是《易》的两个卦名，分别指恶运和好运。⑳攸趋：所向。

哀溺文并序

【原文】

永[1]之氓咸善游[2]。一日，水暴甚，有五六氓乘小船绝湘水。中济，船破，皆游。其一氓尽力而不能寻常。其侣曰："汝善游最也，今何后为？"曰："吾腰千钱，重，是以后。"曰："何不去之？"不应，摇其首。有顷，益怠。已济者立岸上，呼且号曰："汝愚之甚！蔽之甚！身且死，何以货为？"又摇其首，遂溺死。吾哀之。且若是，得不有大货之溺大氓者乎？于是作《哀溺》。

吾哀溺者之死货兮，惟大氓之为忧。世涛鼓以风涌兮，浩滉荡而无舟。不让禄以辞富兮，又旁窥而诡求。手足乱而无如兮，负重逾乎崇丘。既浮颐而灭膂[③]兮，不忍释利而离尤[④]。呼号[⑤]者之莫救兮，愈摇首以沉流。发披鬤[⑥]以舞澜兮，魂伥伥而焉游？龟鼋互进以争食兮，鱼鲔族而为羞。始贪赢以啬厚兮，终负祸而怀仇。前既没而后不知惩兮，更揽取而无时休。哀兹氓之蔽愚兮，反贼己而从仇。不量多以自谏兮，姑指幸者而为谋。

夫人固灵于鸟鱼兮，胡昧罻[⑦]而蒙钩！大者死大兮，小者死小。善游虽最兮，卒以道夭[⑧]。与害偕行兮，以死自绕。推今而鉴古兮，鲜克以保其生。衣宝焚纣兮[⑨]，专利灭荣[⑩]。豺狼死而犹饿兮，牛腹尸[⑪]而不盈。民既贸贸而无知兮，故与彼咸谥为氓。死者不足哀兮，冀中人之为余再更。噫！

【注释】

①永：指永州。②游：泅，即游泳。③膂（lǚ）：构成脊柱的短骨之一。④离尤：遭罪，遇难。出自《楚辞·离骚》："进不入以离尤兮。" ⑤号（háo）：号叫，号哭。⑥鬤（ráng）：形容头发凌乱不堪。⑦罻（wèi）：渔网。⑧道夭：半道夭亡。⑨衣宝焚纣兮：指纣王在鹿台，穿上宝玉衣而自焚。⑩专利灭荣：周厉王因为亲近好专利的荣公而灭亡。⑪尸：死亡。

吊屈原文

【原文】

后先生盖千祀兮，余再逐[①]而浮湘。求先生之汨罗[②]兮，揽蘅若以荐芳[③]。愿荒忽[④]之顾怀兮，冀陈辞而有光。

先生之不从世兮，惟道是就。支离抢攘[5]兮，遭世孔疚[6]。华虫[7]荐壤兮，进御羔袖[8]。牝鸡咿嚘兮，孤雄束咮[9]。哇咬环观兮，蒙耳大吕[10]。堇喙以为羞兮[11]，焚弃稷黍。犴狱[12]之不知避兮，宫庭之不处。陷涂藉秽兮，荣若绣黼[13]。榱折火烈[14]兮，娱娱笑舞。谗巧之哓哓[15]兮，惑以为咸池[16]。便媚鞠恧[17]兮，美逾西施。谓谟言[18]之怪诞兮，反寘瑱[19]而远违。匿重痼[20]以讳避兮，进俞、缓[21]之不可为。

何先生之凛凛兮，厉针石而从之[22]。但仲尼之去鲁兮，曰吾行之迟迟[23]。柳下惠之直道[24]兮，又焉往而可施？今夫世之议夫子兮，曰胡隐忍而怀斯[25]？惟达人之卓轨[26]兮，固僻陋[27]之所疑。委[28]故都以从利兮，吾知先生之不忍；立而视其覆坠[29]兮，又非先生之所志。穷与达固不渝[30]兮，夫唯服道以守义。矧先生之悃愊兮，蹈大故而不贰[31]。沉璜瘗珮兮，孰幽而不光？荃蕙蔽匿兮，胡久而不芳[32]？

先生之貌不可得兮，犹仿佛其文章[33]。托遗编[34]而叹喟兮，涣[35]余涕之盈眶。呵星辰而驱诡怪兮，夫孰救于崩亡[36]？何挥霍夫雷电兮，荀为是之荒茫[37]。耀姱辞之矘朗兮[38]，世果以是之为狂。哀余衷之坎坎兮，独蕴愤而增伤。谅先生之不言兮，后之人又何望[39]。忠诚之既内激兮，抑衔忍[40]而不长。芈[41]为屈之几何兮，胡独焚其中肠。

吾哀今之为仕兮，庸有虑时之否臧[42]！食君之禄畏不厚兮，悼得位之不昌[43]。退自服以默默兮，曰吾言之不行[44]。既媮风[45]之不可去兮，怀先生之可忘！

【注释】

①再逐：此处是作者说自己在屈原被流放千年之后，一而再地被贬，贬至湘江畔。②汨罗：水名，源头在江西，流入湖南。③蘅若：指杜蘅、杜若，这是两种芳草名。荐：祭祀供奉。④荒忽：同

“恍惚”，神思不定，神志不清。⑤抢攘：混杂纷乱。⑥孔疚：非常的苦痛。⑦华虫：指山鸡，这里指身着山鸡图案的古代礼服。⑧羔袖：用羊羔皮做的普通的衣服。⑨“牝鸡”二句：母鸡鸣叫，公鸡束口。在这里是借用母鸡鸣叫、公鸡被束口来比喻贤者忍气吞声而小人放肆妄言。牝（pìn）鸡：母鸡。咿嚘（yī yōu）：鸡鸣声。咮（zhòu）：鸟嘴。⑩“哇咬”二句：指听到民歌就环视周围，听到大吕就捂住耳朵。哇咬，民歌。大吕，乐调名，用来指高级的庙堂音乐。⑪“堇喙”句：把乌头和鸟嘴视为美味佳肴。堇（jǐn），中药乌头，有毒。喙（huì），鸟嘴，有毒。羞，同“馐”，美味佳肴。⑫犴（àn）狱：牢狱。犴，同“岸”，古代乡亭的拘留所。⑬“陷涂”二句：陷进泥潭里、坐在污秽中，但是仍像穿着华服那般耀眼。涂，污泥。藉，坐。绣黼（fú），华美的服饰。⑭榱（cuī）折火烈：房屋的椽子毁坏焚烧。榱，屋椽屋桷的总称。⑮哓哓（xiāo）：争论不休。⑯咸池：古乐曲名。周代六舞之一，相传是尧时代的乐舞。⑰便（pián）媚：迎合献媚。鞠恧（nǜ）：伏下身子，不顾廉耻。⑱谟（mó）言：有策略的言语。⑲寘：放置。瑱（tiàn）：古代佩戴的冠冕上垂在两侧用来塞耳的玉。⑳痼（gù）：顽疾。㉑俞、缓：指俞跗、秦缓，两人均是古代良医。㉒“厉针石”句：磨炼针石来治疗。厉，磨。㉓迟迟：行动比想象中或者比要求的更加缓慢，很久都不能完成。㉔“柳下惠”句：柳下惠的君子之道。柳下惠，即展获，字子禽。㉕“曰胡”句：为何要承受这般痛苦，却还留恋此处而不舍离开。㉖“惟达人”句：通达事理的人有好的行为规范。达人，通达之人。轨，行为规范。㉗僻陋：愚陋、偏执狭隘的人。㉘委：抛弃。㉙覆坠：指国家灭亡。㉚渝：改变。㉛“矧先生”二句：屈原用他的赤诚之心报国，宁愿赴死也不改变自己的志向与节气。悃愊（kǔn bì），至诚。大故，大变故，指死亡。不贰，无二心。㉜“沉璜”四句：把美玉没入水中或掩埋地下，即使暗无天日仍光彩熠熠；将香草封藏起来，即使过了很久仍旧芳香扑鼻。璜（huáng）、珮（pèi），都是美玉名。瘗（yì），掩埋。荃、蕙，都是香草名。㉝“先生”二句：屈原的样貌已经不能够见到了，但透过他的辞赋隐约还能见到他的形象。㉞遗编：屈原遗留之作。㉟涣：水流奔腾的样貌，这里指汨水流淌不停。㊱“呵星辰”二句：指屈原在《天问》中的追问，对神话传说中的怪异问题和日月星辰的诘问，这些对挽救国家的危亡有什么意义呢？㊲“何挥霍”二句：屈原在作品中安排风云雷霆的变化，事实上只是他缥缈空虚的想象。挥霍，指挥，调遣安排。㊳“耀姱辞”句：屈原赋的辞藻华丽且晦涩难懂。姱（kuā）辞，华丽之辞。曭（tǎng）朗，日不明貌。㊴“谅先生”二句：倘若屈原没有留下这些作品，后世之人又依靠什么来猜想瞻仰呢？谅，猜想。望，瞻仰或解读为怨望。㊵衔忍：埋在心底，强行忍受。㊶芈（mǐ）：春秋时楚国先祖的族姓。㊷“吾哀”二句：我感叹现在的官员，无人关心时政的好坏。庸，岂。否臧（pǐ zāng），好坏、得失。㊸“食君”二句：这些当官的人拿国家的俸禄就怕拿得不够多，获得的官位就怕不够高。悼，怕、担心。昌，盛、高。㊹“退自服”二句：还是选择退而自守，保持沉默吧，因为我的主张没有实现的可能了。㊺媮（tōu）风：得过且过的浮薄风气。

乞巧文

【原文】

柳子夜归自外庭，有设祠者，馇饵[①]馨[②]香，蔬果交罗[③]，插竹垂绥[④]，剖瓜犬牙，且拜且祈。怪而问焉。女隶进曰：“今兹[⑤]秋孟七夕[⑥]，天女之孙[⑦]将嫔[⑧]于河鼓[⑨]。邀而祠者，幸而与之巧，驱去蹇拙[⑩]，手目开利，组纴[⑪]缝制，将无滞于心焉。为是祷也。”

柳子曰：“苟然欤？吾亦有所大拙，傥可因是以求去之。”乃缨弁束衽[12]，促武缩气[13]，旁趋曲折，伛偻[14]将事，再拜稽首称臣而进曰：“下土之臣，窃闻天孙，专巧于天，轇轕璇玑[15]，经纬[16]星辰，能成文章，黼黻帝躬[17]，以临下民，钦圣灵、仰光耀之日久矣。今闻天孙不乐其独得，贞卜[18]于玄龟，将蹈石梁[19]，欵天津[20]，俪于神夫[21]，于汉之滨。两旗[22]开张，中星[23]耀芒，灵气翕欻[24]，兹辰之良。幸而弭节[25]，薄游民间，临臣之庭，曲听臣言：臣有大拙，智所不化，医所不攻，威不能迁，宽不能容。乾坤之量，包含海岳，臣身甚微，无所投足。蚁适于垤[26]，蜗休于壳，龟鼋[27]螺蚌，皆有所伏。臣物之灵，进退唯辱。彷徉为狂，局束为谄，吁吁[28]为诈，坦坦为忝。他人有身，动必得宜，周旋获笑，颠倒逢嘻。己所尊昵，人或怒之。变情徇势，射利抵巇[29]。中心甚憎，为彼所奇。忍仇佯喜，悦誉迁随。胡执臣心，常使不移？反人是己，曾不惕疑[30]。贬名绝命[31]，不负所知。抃[32]嘲似傲，贵者启齿。臣旁震惊，彼且不耻。叩稽匍匐，言语谲诡[33]。令臣缩恧[34]，彼则大喜。臣若效之，瞋怒[35]丛己。彼诚大巧，臣拙无比。王侯之门，狂吠狴犴[36]。臣到百步，喉喘颠汗，睢盱[37]逆走，魄遁神叛。欣欣巧夫，徐入纵诞。毛群[38]掉尾，百怒一散。世途昏险，拟步如漆，左低右昂，斗冒冲突。鬼神恐悸，圣智危慄。泯焉直透，所至如一。是独何工，纵横不恤。非天所假，彼智焉出？独啬于臣，恒使玷黜。沓沓骞骞[39]，恣口所言。迎知喜恶，默测憎怜。摇唇一发，径中心原。胶加钳夹，誓死无迁。探心扼胆，踊跃拘牵。彼虽佯退，胡可得旃！独结臣舌，喑抑衔冤。擘眥流血，一辞莫宣。胡为赋授，有此奇偏？眩耀为文，琐碎排偶[40]，抽黄对白[41]，啽哢飞走[42]。骈四俪六[43]，锦心绣口[44]，宫沉羽振[45]，笙簧[46]触手。观者舞悦，夸谈雷吼。

独溺臣心，使甘老丑。嚚昏莽卤[47]，朴钝枯朽。不期一时，以俟悠久。旁罗万金，不鬻弊帚[48]。跪呈豪杰，投弃不有。眉矉频蹙[49]，喙唾胸欧。大赧而归，填恨低首。天孙司巧，而穷臣若是，卒不余畀，独何酷欤？敢愿圣灵悔祸，矜臣独艰。付与姿媚，易臣顽颜。凿臣方心，规以大圆。拔去呐[50]舌，纳以工言。文词婉软，步武轻便。齿牙饶美，眉睫增妍。突梯卷脔[51]，为世所贤。公侯卿士[52]，五属十连[53]。彼独何人，长享终天！”

言讫，又再拜稽首，俯伏以俟。至夜半，不得命，疲极而睡，见有青袖朱裳，手持绛节而来告曰：“天孙告汝，汝词良苦，凡汝之言，吾所极知。汝择而行，嫉彼不为。汝之所欲，汝自可期。胡不为之，而诳[54]我为！汝唯知耻，谄貌淫词[55]，宁辱不贵，自适其宜。中心已定，胡妄而祈？坚汝之心，密汝所持，得之为大，失不污卑[56]。凡吾所有，不敢汝施，致命而昇，汝慎勿疑。”

呜呼！天之所命，不可中革。泣拜欣受，初悲后怿[57]。抱拙终身，以死谁惕！

【注释】

①馇：浓稠的粥。饵：糕饼。②馨：香气散布得非常远。③交：接触，接近。罗：罗列。④插竹：把竹片插在签筒里。垂绥（suí）：垂挂绳须。⑤今兹：现在。⑥秋孟七夕：指七月初七夜。⑦天女之孙：指织女。⑧嫔（pín）：嫁。此处是指织女与牛郎的相会。⑨河鼓：牛郎星。⑩蹇（jiǎn）：愚钝。拙：愚拙。⑪组：编织。纴（rèn）：纺织。⑫缨：帽带。弁（biàn）：古代男子穿礼服佩戴的冠就是弁。束：扎。衽（rèn）：衣襟。⑬武：脚步。缩气：一种害怕的神态。⑭伛偻（yǔ lǚ）：弯腰曲背，表示恭敬。⑮璇玑（xuán jī）：北斗七星中的两颗星星的名字。⑯经纬：经是织物的直纱，纬是

织物的横纱。⑰黼黻（fǔ fú）：古代礼服上所绣的花纹。帝：天帝。躬：亲自。⑱贞卜：占卜。⑲石梁：传闻是银河上的桥梁。梁，桥。⑳天津：天河，又称作银汉、银河。㉑俪：成双成对，此处指相会。神夫：指牛郎。㉒两旗：古星名。㉓中星：指牵牛星。㉔翕欻（xī xū）：突然会合的样子。㉕弭节：让前面持符节的使者停下来。弭（mǐ），停止。节，符节。㉖垤（dié）：蚂蚁穴口形成的小土堆。㉗鼋（yuán）：一种鳖类。㉘吁（xū）吁：惊恐的样子。㉙抵巇（xī）：谋求，钻营。㉚惕疑：心存戒备和恐惧之心。㉛贬名：贬官。绝命：毙命。㉜抃（biàn）：拍手。㉝谲（jué）诡：诡诈。㉞缩恧（nù）：畏缩愧疚。㉟瞋（chēn）怒：怒目相对。㊱狴犴（bì àn）：古时传说中的猛兽名。此处指恶狗。㊲睢盱（suī xū）：瞪目仰视。㊳毛群：成群的看门狗。㊴沓沓（tà）：啰嗦的样子。骞骞（qiān）：恣肆的样子。㊵排偶：排，排比。偶，对偶。㊶抽黄对白：将黄与白作对。指写诗和骈文时工整，讲究对仗。㊷嗡（án）呀：鸟鸣声。飞走：指飞禽走兽。㊸骈四俪六：指骈文中常用四言与六言的句子做对偶句。骈、俪，成双成对。㊹锦心绣口：喻作者的文思和措辞如同锦绣那般秀美。㊺宫、羽：古代五声音阶中的两个。㊻笙：管乐器。簧：用铜制成薄片的乐器。㊼嚚（yín）：愚笨顽固。莽卤：粗鲁。㊽鬻（yù）：卖。弊帚：破旧的扫帚。谦词，喻指自己的作品。㊾颦（pín）：皱眉。頞（è）：鼻梁。蹙（cù）：皱。㊿呐：同“讷”，说话反应迟钝。(51)突梯：处事圆滑的样子。卷脔（luán）：拘谨且畏畏缩缩。(52)公侯卿士：两者均是古代的爵位名。此处指朝廷上的达官贵人。(53)五属十连：周制中一属为五个诸侯国，属有属长管理；一连为十个诸侯国，连有连帅掌管。这里用属长和连帅来喻指地方高级官员。(54)诳（kuáng）：哄骗，欺骗。(55)谄貌：谄媚的样子。淫词：夸张不实的言辞。(56)污卑：卑微低下。(57)怿（yì）：欢乐，愉悦。

卷八　箴戒

戒惧箴

【原文】

人不知惧，恶可有为？知之为美，莫若去之。非曰童昏[1]，昧昧[2]勿思。祸至后惧，是诚不知。君子之惧，惧乎未始。几动乎微，事迁乎理。将言以思，将行以止。中决道符，乃顺而起。起而获祸，君子不耻。非道之愆[3]，非中之诡。惧而为惧，虽惧焉如？君子不惧，为惧之初。

【注释】

①童昏：愚昧无知。②昧昧：糊涂无知。③愆（qiān）：过错，过失。

忧箴

【原文】

忧可无乎？无谁以宁！子如不忧，忧日以生。忧不可常，常则谁怿[1]？子常其忧，乃小人戚。敢问忧方，吾将告子：有闻不行，有过不徙；宜言不言，不宜而烦；宜退而勇，不宜而恐。中之诚恳，过又不及。忧之大方，唯是焉急！内不自得，甚泰为忧。省而不疚，虽死优游。所忧在道，不在乎祸。吉之先见[2]，乃可无过。告子如斯，守之勿堕！

【注释】

①怿（yì）：欢愉。②吉之先见：吉祥的征兆。先见，指预见，预言还没发生的事。

师友箴并序

【原文】

今之世，为人师者众笑之，举世不师，故道[①]益离；为人友者，不以道而以利，举世无友，故道益弃。呜呼！生[②]于是病矣，歌以为箴[③]。既以儆己，又以诫人。

不师如之何？吾何以成！不友如之何？吾何以增！吾欲从师，可从者谁？借有可从，举世笑之。吾欲取友，谁可取者？借有可取，中道或舍。仲尼[④]不生，牙[⑤]也久死，二人可作，惧吾不似。中焉可师，耻焉可友，谨是二物，用惕尔后。道苟在焉，佣丐为偶[⑥]；道之反是，公侯以走。内考诸古，外考诸物，师乎友乎，敬尔无忽！

【注释】

①道：文中所提及的道、中道、中，均是柳宗元所追求的政治理念，思想原则和道德规范。 ②生：作者自谦之词。后生，即学生。 ③箴（zhēn）：一种劝告、告诫的文体。 ④仲尼：指孔子，名丘，字仲尼。 ⑤牙：指鲍叔牙，颍上（今属安徽省）人。 ⑥佣丐为偶：用人和乞丐都能成为师友。偶，指师友。

敌戒

【原文】

皆知敌之仇[①]，而不知为益之尤[②]；皆知敌之害，而不知为利之大。秦有六国，兢兢以强，六国既除，訑訑[③]乃亡。晋败楚鄢[④]，范文为患；厉之不图[⑤]，举国造怨。孟孙恶臧[⑥]，孟死臧恤；药石去矣，吾亡无日[⑦]。智能知之，犹卒以危；矧今之人，曾不是思！敌存而惧，敌去而舞，废备自盈，只益为愈。敌存灭祸，敌去召过。有能知此，道大名播。惩病克寿，矜壮死暴。纵欲不戒，匪愚伊耄[⑧]。我作戒诗，思者无咎。

【注释】

①仇：与……为仇。②尤：大，突出。③訑訑（yí）：骄傲自满的样子。④鄢（yān）：姓氏。⑤图：考虑。⑥臧：鲁国大夫臧武仲，即臧孙纥（hé）。⑦“药石”二句：他认为能够治好自己的药石已经没有了，自己能活的时日不多了。⑧耄（mào）：年老昏乱。

三戒并序

【原文】

吾恒恶世之人，不推己之本[①]，而乘物以逞[②]，或依势以干[③]非其类，出技以怒强，窃时以肆暴[④]，然卒迨[⑤]于祸。有客谈麋、驴、鼠三物，似其事，作《三戒》。

临江之麋

临江之人，畋得麋麑[⑥]，畜之。入门，群犬垂涎，扬尾皆来。其人怒，怛[⑦]之。自是日抱就[⑧]犬，习示之，使勿动，稍使与之戏。积久，犬皆如人意。麋麑稍大，忘己之麋也，以为犬良[⑨]我友，抵触偃仆[⑩]，益狎。犬畏主人，与之俯仰甚善，然时啖[⑪]其舌。三年，麋出门，见外犬在道甚众，走欲与为戏。外犬见而喜且怒，共杀食之，狼藉道上。麋至死不悟。

黔[⑫]之驴

黔无驴，有好事者船载以入。至则无可用，放之山下。虎见之，庞然大物也，以为神。蔽林间窥之，稍出近之，慭慭然[⑬]莫相知。他日，驴一鸣，虎大骇，远遁，以为且噬己也，甚恐。然往来视之，觉无异能者。益习其声，又近出前后，终不敢搏。稍近，益狎，荡倚冲冒，驴不胜怒，蹄之。

虎因喜，计之曰："技止此耳！'因跳踉大㘎[14]，断其喉，尽其肉，乃去。噫！形之庞也类有德，声之宏也类有能。向不出其技，虎虽猛，疑畏，卒不敢取。今若是焉，悲夫！

永某氏之鼠

永有某氏者，畏日[15]，拘忌异甚。以为己生岁直子[16]，鼠，子神也。因爱鼠，不畜猫犬，禁僮[17]勿击鼠。仓廪庖厨[18]，悉以恣鼠不问。由是鼠相告，皆来某氏，饱食而无祸。某氏室无完器，椸[19]无完衣，饮食大率鼠之余也。昼累累与人兼行[20]，夜则窃啮[21]斗暴，其声万状，不可以寝。终不厌。数岁，某氏徙居他州。后人来居，鼠为态如故。其人曰："是阴类[22]恶物也，盗暴尤甚，且何以至是乎哉！"假五六猫，阖[23]门撤瓦，灌穴，购僮罗捕之。杀鼠如丘，弃之隐处，臭[24]数月乃已。呜呼！彼以其饱食无祸为可恒也哉！

【注释】

①推己之本：审视自己实际能力的大小，也就是自知之明的意思。推，推求。②乘物以逞：凭借他物的威风来逞自己之能。③干：强求。④窃时：趁机。肆暴：放肆地干坏事。⑤迨（dài）：及，遭遇。⑥"临江"二句：临江人在打猎的时候捕获了麋麑。临江，唐县名，在今江西清江。畋（tián），打猎。麋（mí），体型较大的一种鹿类动物。麑（ní），鹿仔。⑦怛（dá）：恐吓。⑧就：接近。⑨良：真的。⑩抵触：用头角相碰撞。偃：仰面卧倒。仆：俯伏在地上。⑪啖（dàn）：舔。⑫黔（qián）：唐代的黔中道，现在是贵州的简称。⑬慭（yìn）慭然：小心谨慎的样子。⑭跳踉：欢腾跳跃的样子。㘎（hǎn）：怒吼大叫。此处是指老虎生气怒吼的样子。⑮畏日：怕犯日忌。古人认为年月日辰均有凶吉之分，凶日有诸多忌事，不遵循便会发生不祥之事。⑯生岁直子：出生的年份恰逢农历子年。直，正值。⑰僮：童仆，这里泛指未成年的仆人。⑱仓廪（lǐn）：

粮仓。庖厨：厨房。⑲椸（yí）：衣架。⑳“昼”句：白天成群结队地和人并排行走。累累，一个接一个，连续不断。兼行，并走。㉑窃啮（niè）：偷咬东西。㉒阴类：藏在阴暗角落里活动的东西。㉓阖（hé）：关闭。㉔臭（chòu）：同“臭”，秽恶的气味。

卷九 序

序饮

【原文】

买小丘，一日锄理，二日洗涤，遂置酒溪石上。向[①]之为记所谓牛马之饮者，离坐[②]其背。实觞而流之[③]，接取以饮。乃置监史[④]而令曰：当饮者举筹[⑤]之十寸者三，逆而投之，能不洄于洑[⑥]，不止于坻，不沉于底者，过不饮。而洄而止而沉者，饮如筹之数。既或投之，则旋眩滑汩[⑦]，若舞若跃，速者迟者，去者住者，众皆据石[⑧]注视，欢抃[⑨]以助其势。突然而逝，乃得无事。于是或一饮，或再饮。客有娄生图南者，其投之也，一洄一止一沉，独三饮，众乃大笑欢甚。余病痞[⑩]，不能食酒，至是醉焉。遂损益其令，以穷日夜而不知归。

吾闻昔之饮酒者，有揖让酬酢百拜[⑪]以为礼者，有叫号屡舞如沸如羹[⑫]以为极者，有裸裎袒裼[⑬]以为达者，有资丝竹金石[⑭]之乐以为和者，有以促数纠逖[⑮]而为密者，今则举异是[⑯]焉。故舍百拜而礼，无叫号而极，不袒裼而达，非金石而和，去纠逖而密。简而同[⑰]，肆而恭[⑱]，衎衎而从容，于以合山水之乐，成君子之心，宜也。作《序饮》以贻后之人。

【注释】

①向：从前。②离坐：并坐。③实觞而流之：酒杯中装满了酒，漂浮在溪水中流淌。觞，古代盛酒器。④监史：监督饮酒的人。⑤筹：签筹。⑥不洄于洑（fú）：不在旋涡里回旋流动。洄，水回旋而流。⑦旋眩滑汩（gǔ）：在急流中旋转得令人眼花缭乱。眩，眼花。滑汩，有时候滑行，有时候被淹没。⑧据石：按在石头上。据，按。⑨欢抃（biàn）：高兴得拍手。抃，双手拍打在一起。⑩痞：一种病症，胸腹中郁结成块。⑪揖让：古代宾主相见的一种礼数。酬酢（zuò）：饮酒时主与客之间互相敬酒。主敬客叫“酬”，客回敬主叫“酢”。百拜：多拜的意思。⑫如沸如羹：比喻嘈杂的笑语声。⑬裸裎袒裼（xī）：露出身体和手臂。⑭丝竹：管弦乐器。金石：钟磬类的打击乐器。⑮促数（shuò）：催促别人多次喝酒。纠逖（tì）：集合那些位置远的宾客。⑯举异是：均与此不同。⑰简而同：简单而和谐。⑱肆而恭：恣纵而有礼。

序棋①

【原文】

房生直温，与予二弟游②，皆好学。予病其确③也，思所以休息之者。得木局④，隆其中而规焉⑤，其下方以直，置棋二十有四。贵者半，贱者半，贵曰上，贱曰下，咸自第一至十二，下者二乃敌一⑥，用朱墨以别焉。房于是取二毫⑦，如其第书之⑧。既而抵戏者二人⑨，则视其贱者而贱之，贵者而贵之。其使之击触也，必先贱者，不得已而使贵者，则皆慄焉惛焉⑩，亦鲜克以中⑪。其获也，得朱焉则若有余，得墨焉则若不足。

余谛睨⑫之，以思其始，则皆类也，房子一书之而轻重若是[13]。适近其手而先焉，非能择其善而朱之，否而墨之也。然而上焉而上，下焉而下，贵焉而贵，贱焉而贱，其易彼而敬此，遂以远焉。然则若世之所以贵贱人者，有异房之贵贱兹棋者欤？无亦近而先之耳！有果能择其善否者欤？其敬而易者，亦从而动心矣，有敢议其善否者欤？其得于贵者，有不气扬[14]而志荡[15]者欤？其得于贱者，有不貌慢[16]而心肆[17]者欤？其所谓贵者，有敢轻而使之者欤？其所谓贱者，有敢避其使之击触[18]者欤？彼朱而墨者，相去千万不啻[19]，有敢以二敌其一者欤？余墨者徒也[20]，观其始与末，有似棋者，故叙。

【注释】

①序：通“叙”，叙述。棋：指弹棋，是古代的一种游戏。据《西京杂记》载：汉元帝喜欢打球，但又不喜欢劳累，他命人为他创造一种游戏，形似打球而又不累人，便有人为他创造了这个叫“弹棋”的游戏。序棋，即叙述与弹棋有关的事。这篇杂文主要是以弹棋为题材，文中主要写作者在观棋时萌发的感想，借题发挥，抒发了他对当时社会贵贱之分的不满。②“房生”句：房直温与我二弟交游。房生直温，即房直温，其人不详。二弟，柳宗元无胞弟，而多堂兄弟，这里所说的二弟，应是堂弟柳宗直和柳宗一。游，指交游，交友。③确：坚忍。在这里还有求学太过于坚忍的意思。④木局：木制的棋盘。⑤“隆其”句：中间高起呈圆形。隆，高起。规，圆形。⑥二乃敌一：两个才能抵御一个。⑦二毫：指红色和黑色两支笔。毫，毛笔。⑧如其第书之：按照它们摆放的顺序分别涂上红色与黑色。⑨“既而”句：随即两人便开始弹棋。既而，随即。抵戏，对局。⑩慄焉：惧怕战栗，这里是说因为害怕输棋而紧张得不停发抖。惛焉：指头脑昏沉，糊涂的样子。⑪鲜克以中：很少能击中对方。鲜，很少。克，能够。⑫谛睨：仔细看。此处指旁观。⑬“以思”三句：

想到他们最初都是同样的棋子，但房直温用笔上色便贵贱分明。⑭气扬：趾高气扬。⑮志荡：志趣放荡。⑯貌慢：面容颓靡不振。⑰心肆：心绪混乱。⑱避其使之：躲避别人对他的驱使。击触：表示反抗的行为和抵触的情绪。⑲不啻（chì）：不止。⑳余墨者徒也：我是属于地位卑贱那一类人啊。

柳宗直西汉文类序

【原文】

左右史混久矣，言事驳乱[①]，《尚书》《春秋》之旨不立。自左丘明传孔氏，太史公述历古今，合而为史，迄于今交错相纠，莫能离其说。独《左氏》《国语》纪言，不参于事。《战国策》《春秋后语》，颇本右史《尚书》之制。然无古圣人蔚然之道，大抵促数耗矣，而后之文者宠之。文之近古而尤壮丽，莫若汉之《西京》。班固书传之，吾尝病其畔散不属，无以考其变。欲采比义，会年长疾作，驽堕愈日甚，未能胜也。幸吾弟宗直[②]，爱古书，乐而成之。搜讨磔[③]裂，捃摭[④]融结，离而同之，与类推移，不易时月，而咸得从其条贯。森然炳然，若开群玉之府。指挥联累，圭璋琮璜[⑤]之状，各有列位，不失其序，虽第其价可也。以文观之，则赋、颂、诗、歌、书、奏、诏、策、辩、论之辞毕具。以语观之，则右史纪言，《尚书》《国语》《战国策》成败兴坏之说大备，无不苞也。噫！是可以为学者之端耶。

始吾少时，有路子者，自赞为是书，吾嘉而叙其意，而其书终莫能具，卒俟宗直也。故删取其叙，系于左，以为《西汉文类》首纪。殷、周之前，其文简而野，魏、晋以降，则荡而靡，得其中者汉氏。汉氏之东，则既衰矣。当文帝时，始得贾生明儒术，武帝尤好焉。而公孙弘[⑥]、董仲舒[7]、司马迁、相如[8]之徒作，风雅益盛，敷施天下，自天子至公卿大夫士庶人咸通焉。于是宣于诏策，达于奏议，讽于辞赋，传于歌谣，由高帝迄于哀、平，王莽之诛，四方之文章盖烂然矣。史臣班孟坚修其书，拔其尤者，充于简册，则二百三十年间，列辟之达道，名臣之大范，贤能之志业，黔黎之风美列焉。若乃合其英精，离其变通，论次其叙位，必俟学古者兴行之。唐兴，用文理，贞元间，文章特盛。本之三代，浃于汉氏，与之相准。于是有能者，取孟坚书，类其文，次其先后，为四十卷。

【注释】

①驳乱：驳杂混乱。②宗直：宗直，字正夫，柳宗元之从父弟。③磔（zhé）：古代祭祀时分割牲畜的肢体。④捃摭（jùn zhí）：拾取，摘取。⑤圭璋：两种名贵的玉器。琮璜：琮与璜，都是庙堂玉器。⑥公孙弘：西汉名臣，字季，齐地菑川人。⑦董仲舒：广川郡人，汉代政治家、思想家。⑧相如：指西汉辞赋家司马相如，字长卿，蜀郡成都人。

送薛存义之任序

【原文】

河东薛存义将行[1]，柳子载肉于俎[2]，崇酒于觞[3]，追而送之江之浒[4]，饮食之[5]。且告曰："凡吏于土者[6]，若知其职乎？盖民之役[7]，非以役民而已也。凡民之食于土者，出其十一佣乎吏，使司平于我也。今受其直[8]怠其事者，天下皆然。岂惟怠之，又从而盗之。向使佣一夫于家，受若直，怠若事，又盗若货器，则必甚怒而黜罚[9]之矣。以今天下多类此，而民莫敢肆其怒与黜罚何哉？势不同也。势不同而理同，如吾民何[10]？有达于理者，得不恐而畏乎！"

存义假令零陵二年矣。蚤作而夜思，勤力而劳心，讼者平，赋者均，老弱无怀诈暴憎，其为不虚取直也的矣，其知恐而畏也审矣。

吾贱且辱，不得与考绩幽明之说；于其往也，故赏以酒肉而重之以辞。

【注释】

①“河东”句：河东的薛存义就要离开零陵了。河东，今山西永济。将行，将要离开（零陵）。②柳子：作者柳宗元自称。载肉于俎（zǔ）：把肉放在器皿里。载，承。俎，古代装肉的器皿。③崇酒于觞（shāng）：在酒杯里斟满了酒。崇，这里用作动词，充实，斟满。④浒（hǔ）：水边。⑤饮（yìn）食（sì）之：请他喝酒，请他吃肉。⑥凡吏于土者：凡是在地方当官的人。吏，用作动词，做官。⑦民之役：百姓的仆役。役，仆役，作名词。⑧受其直：接受了他们给的报酬。直，指官吏所拿的俸禄。⑨黜（chù）罚：惩罚并且把该仆人逐出。黜，本指官吏被降职或罢免，此处是指主人解雇了仆役。⑩如吾民何：对老百姓来说又能怎么样呢？

送从弟谋归江陵序

【原文】

吾与谋[①]，由高祖王父而异。谋少吾二岁，往时在长安，居相迩[②]也。与谋皆甚少，独见谋在众少言，好经书，心异之。其后吾为京兆从事[③]，谋来举进士，复相得，益知谋盛为文词，通外家书。一再不胜，惧禄养之缓，弃去，为广州从事。复佐邕州[④]，连得荐举至御史，后以智免，归家江陵。有宅一区，环之以桑，有僮指三百，有田五百亩，树之谷，艺之麻，养有牲，出有车，无求于人。日率诸弟具滑甘丰柔，视寒燠[⑤]之宜，其隙则读书，讲古人所谓求其道之至者以相励也。过永州，为吾留信次，具道其所为者。

凡士人居家孝悌恭俭，为吏祗肃。出则信，入则厚。足其家，不以非道；进其身，不以苟得。时退则退，尊老无井臼[6]之劳。和安而益寿，兄弟衎衎[7]以相友。不谋食而食给，不谋道而道显。则谋之去进士为从事于远，始也吾疑焉，今也吾是焉。别九岁而会于此，视其貌益伟，问其业益习，叩其志益坚。於乎！吾宗不振久矣。识者曰：今之世稍有人焉。若谋之出处，庸非所谓人欤？或问管仲，孔子曰："人也。"谋虽不试于管仲，其为道无悖，亦可以有是名也。抑又闻圣人之道，学焉而必至，谋之业良矣，而又增焉；志专矣，而又若不足焉。孔子之门，不道管、晏，则谋之为人也，其可度哉！

吾不智，触罪摈越、楚间六年，筑室茨草[8]，为圃乎湘之西，穿池可以渔，种黍可以酒，甘终为永州民。又恨徒费禄食而无所答，下愧[9]农夫，上惭王官。追计往时咎过，日夜反覆，无一食而安于口平于心。若是者，岂不以少好名誉，嗜味得毒，而至于是耶！用是愈贤谋之去进士为从事以足其家，终始孝悌，今虽欲羡之，岂复可得？谋在南方有令名，其所为日闻于人，吾恐谋不幸又为吾之所悔者，将已之而不能得，可若何？然谋以信厚少言，蓄其志以周于事，虽履吾迹，将不至乎吾之祸，则谋何悔之有？苟能是，虽至于大富贵，又何慄耶？振吾宗者，其惟望乎尔！

【注释】

①谋：人名。②迩：距离近，与"遐"反义。③从事：指官名。④邕（yōng）州：简称邕，在今广西南宁。⑤寒燠（yù）：冷热。⑥井臼：汲水舂米，泛指操持家务。⑦衎衎（kàn）：和睦安定的样子。⑧茨（cí）草：指杂草。⑨愧：羞愧。

送僧浩初序

【原文】

儒者韩退之[①]与余善，尝病于嗜浮图言[②]，訾[③]于与浮图游。近陇西李生础自东都来，退之又寓书罪于，且曰："见《送元生序》，不斥浮图。"浮图诚有不可斥者，往往与《易》《论语》合，诚乐之，其于性情奭然[④]，不与孔子异道。退之好儒未能过扬子，扬子之书于庄、墨、申、韩皆有取焉。浮图者，反不及庄、墨、申、韩之怪僻险贼耶？曰："以其夷也。"果不信道而斥焉以夷，则将友恶来[⑤]、盗跖[⑥]，而贱季札[⑦]、由余[⑧]乎？非所谓去名求实者矣。吾之所取者与《易》《论语》合，虽圣人复生不可得而斥也。

退之所罪者其迹也，曰："髡而缁[⑨]，无夫妇父子，不为耕农蚕桑而活乎人。"若是，虽吾亦不乐也。退之忿其外而遗其中，是知石而不知韫玉[⑩]也。吾之所以嗜浮图之言以此。与其人游者，未必能通其言也。且凡为其道者，不爱官，不争能，乐山水而嗜闲安者为多。吾病世之逐逐然唯印组为务以相轧也，则舍是其焉从？吾之好与浮图游以此。

今浩初闲其性，安其情，读其书，通《易》《论语》，唯山水之乐，有文而文之；又父子咸为其道，以养而居，泊焉而无求，则其贤于为庄、墨、申、韩之言，而逐逐然唯印组为务以相轧者，其亦远矣。

李生础与浩初又善。今之往也，以吾言示之。因北人寓退之，视何如也。

【注释】

①韩退之：指唐代杰出思想家、文学家韩愈，河南河阳（今河南孟州）人，因自称"郡望昌黎"，而世称"韩昌黎""昌黎先生"。

②病：批评。嗜浮图言：喜欢和佛教人士言论。③訾：指责他人的过失。④奭（shì）然：喜悦的样子。⑤恶来：商纣王的大臣，飞廉之子，因勇力而闻名。⑥盗跖（zhí）：春秋时期的大盗。⑦季札：指春秋时期的吴季子。⑧由余：春秋时期晋人，后逃至西戎。⑨髡：剃发，是古代的一种刑罚。缁：黑色。⑩韫（yùn）玉：指藏在石头中的玉。

愚溪诗序

【原文】

灌水[①]之阳有溪焉，东流入于潇水[②]。或曰：冉氏尝居也，故姓是溪为冉溪。或曰：可以染也，名之以其能，故谓之染溪。余以愚触罪，谪潇水上，爱是溪，入二三里，得其尤绝者家焉。古有愚公谷[③]，今予家是溪，而名莫定，土之居者犹龂龂然[④]，不可以不更也，故更之为愚溪。

愚溪之上，买小丘为愚丘。自愚丘东北行六十步，得泉焉，又买居之为愚泉。愚泉凡六穴，皆出山下平地，盖上出也。合流屈曲而南，为愚沟。遂负土累石，塞其隘为愚池。愚池之东为愚堂。其南为愚亭。池之中为愚岛。嘉木异石错置，皆山水之奇者，以余故，咸以愚辱焉。

夫水，智者乐也[⑤]。今是溪独见辱于愚，何哉？盖其流甚下，不可以溉灌；又峻急，多坻石，大舟不可入也；幽邃浅狭，蛟龙不屑，不能兴云雨。无以利世，而适类于余，然则虽辱而愚之，可也。宁武子“邦无道则愚”[⑥]，智而为愚者也；颜子“终日不违如愚”[⑦]，睿[⑧]而为愚者也，皆不得为真愚。今余遭有道[⑨]，而违于理，悖[⑩]于事，故凡为愚者莫我若也。夫然，则天下莫能争是溪，余得专而名焉。

溪虽莫利于世，而善鉴万类，清莹秀澈，锵鸣金石[⑪]，能使愚者喜笑眷慕，乐而不能去也。余虽不合于俗，亦颇以文墨自慰，漱涤[12]万物，牢笼[13]百态，而无所避之。以愚辞歌愚溪，则茫然而不违，昏然而同归，超鸿蒙[14]、混希夷[15]，寂寥而莫我知也。于是作《八愚诗》，纪于溪石上。

【注释】

①灌水：在今广西壮族自治区的西北部。②潇水：在今湖南，源头在潇山，所以称为潇水。③愚公谷：在今山东淄博西。④龂（yín）龂然：辩论的样子。⑤“夫水”句：水啊，明智的人把这里视为快乐之地。此句出自《论语·雍也》：“知者乐水，仁者乐山。”乐（yào），喜欢、爱好。⑥“宁武子”句：宁武子啊，“国家不太稳定的时候就装傻”。此句出自《论语·公冶长》：“子曰：‘宁武子，邦有道则知，邦无道则愚。其知可及也，其愚不可及也。’”意思是说宁武子在国家太平时就非常聪明，当国家动荡的时候便装愚笨，其实他并不愚笨。宁武子，春秋时卫国大夫宁俞，“武”是他的谥号。⑦“颜子”句：颜回这个人啊，“我整日给他讲学，却从来不见他有疑问或向我提问，看起来像个愚笨的人”。此句出自《论语·为政》，“子曰：‘吾与回言终日，不违如愚。退而省其私，亦足以发，回也不愚。’”意思是说颜回每回听孔子授课，从来没有质疑和提问，看上去非常的愚蠢。等到他回去自己研究一番之后，就能懂得孔子的教导，并能由此发挥出来，足见颜回并不愚笨！颜子，孔子的学生颜回，字子渊。⑧睿（ruì）：睿达，明智。⑨有道：指政治分明的时代。⑩悖（bèi）：违背，逆而不顺。⑪锵（qiāng）鸣金石：溪水发出的声音好似击打金石乐器那般悦耳动听。锵，金属撞击发出的声音。金石，用金属和石头制成的诸如钟、磬的乐器。⑫漱涤：洗涤。⑬牢笼：包罗，概括。⑭鸿蒙：指自然界之气。⑮希夷：指难以感知到的虚空又寂静缥缈的世界。

读韩愈所著毛颖传后题

【原文】

自吾居夷，不与中州人通书。有来南者，时言韩愈为《毛颖传》[①]，不能举其辞，而独大笑以为怪，而吾久不克见。杨子诲[②]之来，始持其书，索而读之，若捕龙蛇，搏虎豹，急与之角而力不敢暇，信韩子之怪于文也。世之模拟窜窃，取青媲[③]白，肥皮厚肉，柔筋脆骨，而以为辞者之读之也，其大笑固宜。

且世人笑之也，不以其俳[④]乎？而俳又非圣人之所弃者。《诗》曰："善戏谑兮，不为虐兮。"《太史公书》有《滑稽列传》[⑤]，皆取乎有益于世者也。故学者终日讨说答问，呻吟习复，应对进退，掬溜[⑥]播洒，则疲惫而废乱，故有"息焉游焉"之说。不学操缦[⑦]，不能安弦。有所拘者，有所纵也。大羹玄酒，体节之荐，味之至者。而又设以奇异小虫、水草、楂梨、橘柚[⑧]，苦咸酸辛，虽蜇吻裂鼻，缩舌涩齿，而咸有笃好之者。文王之昌蒲菹[⑨]，屈到之芰[⑩]，曾皙之羊枣，然后尽天下之奇味以足于口。独文异乎？韩子之为也，亦将弛焉而不为虐欤！息焉游焉而有所纵欤！尽六艺之奇味以足其口欤！而不若是，则韩子之辞，若壅[⑪]大川焉，其必决而放诸陆，不可以不陈也。

且凡古今是非六艺百家，大细穿穴用而不遗者，毛颖之功也。韩子穷古书，好斯文，嘉颖之能尽其意，故奋而为之传，以发其郁积，而学者得以励，其有益于世欤！是其言也，固与异世者语，而贪常嗜琐者，犹呫呫然[⑫]动其喙。彼亦甚劳矣乎！

【注释】

①《毛颖传》：韩愈所作。韩愈仕途坎坷，屡次考取功名而不中，对官场和人心的黑暗积郁已久。②杨子诲：人名，杨凭之子。③媲（pì）：比，配。④俳（pái）：古代指杂戏、滑稽戏。⑤《滑（gǔ）稽列传》：是专记滑稽人物的传记，出自《史记》。⑥掬（jū）：用两只手捧。溜：滑行。⑦操缦（màn）：操弄琴弦。⑧楂（zhā）梨：外形像梨但有酸味。橘柚：外形像橙但有酸味。⑨昌蒲菹（chāng pú zū）：菖蒲根的腌制品。⑩芰（jì）：地名，嗜芰。⑪壅（yōng）：堵塞。⑫呫呫（chè）然：啰唆的样子。

送崔群[1]序

【原文】

贞松产于岩岭，高直耸秀，条畅硕茂，粹然立于千仞之表。和气之发也，禀和气之至者，必合以正性。于是有贞心劲质，用固其本，御攘冰霜，以贯岁寒，故君子仪之。清河崔敦诗，有柔儒温文之道，以和其气，近仁复礼[2]，物议归厚，其有禀者欤？有雅厚[3]直方[4]之诚，以正其性，悫论忠告，交道甚直，其有合者欤？是故日章之声，振于京师。尝与陇西李杓直[5]、南阳韩安平[6]洎予交友。杓直敦柔深明，冲旷坦夷，慕崔君之和；安平厉庄端毅，高朗振迈，说崔君之正；余以刚柔不常，造次爽宜，求正于韩，袭和于李，就崔君而考其中焉。忘言相视，默与道合。今将宁觐东周，振策于迈[7]，且饯于野，或命为之序。

余于崔君有通家之旧，外党之睦，然吾不以是合之。崔君以文学登于仪曹[8]，扬[9]于王庭，甲俊造之选，首雠校之列[10]，然吾不以是视之。于其序也，载之其末云。

【注释】

①崔群：字敦诗，号养浩，贞元进士，唐代贝州武城人。②复礼：恢复礼仪。这是孔子的主张，《论语·颜渊》：“克己复礼，为仁。”③雅厚：纯正宽厚。④直方：公正正直。⑤李杓直：指唐朝大臣李建，荆州石首人。⑥韩安平：指韩泰，字安平，是唐顺宗时期“二王八司马事件”中的八司马之一。⑦于迈：于征，即远行。⑧“崔君”句：贞元八年（792），崔群考中礼部。⑨扬：扬名。⑩首雠校之列：贞元十年（794），崔群因贤良方正而被举荐，授秘书郎。

卷十 书

答韦中立论师道书

【原文】

二十一日，宗元白：辱书[①]云欲相师，仆道不笃[②]，业甚浅近，环顾其中[③]，未见可师者。虽常好言论，为文章，甚不自是也。不意吾子自京师来蛮夷间，乃幸见取。仆自卜[④]固无取，假令有取，亦不敢为人师。为众人师且不敢，况敢为吾子师乎？

孟子称“人之患在好为人师”。由魏、晋氏以下，人益不事师。今之世，不闻有师，有辄哗笑之，以为狂人。独韩愈奋不顾流俗，犯笑侮，收召后学，作《师说》，因抗颜[⑤]而为师。世果群怪聚骂，指目牵引[⑥]，而增与为言辞。愈以是得狂名，居长安，炊不暇熟[⑦]，又挈挈[⑧]而东，如是者数矣。屈子赋曰：“邑犬群吠，吠所怪也。”仆往闻庸蜀之南，恒雨少日，日出则犬吠，余以为过言。前六七年，仆来南，二年冬，幸大雪，逾岭被南越中数州，数州之犬，皆苍黄[⑨]吠噬狂走者累日，至无雪乃已，然后始信前所闻者。今韩愈既自以为蜀之日，而吾子又欲使吾为越之雪，不以病乎？非独见病，亦以病吾子。然雪与日岂有过哉？顾吠者犬耳。度今天下不吠者几人，而谁敢衒怪于群目[⑩]，以召闹取怒乎？

仆自谪过以来，益少志虑。居南中九年，增脚气病，渐不喜闹。岂可使呶呶[⑪]者，早暮咈[⑫]吾耳、骚吾心？则固僵仆烦愦[⑬]，愈不可过矣。平居望外[⑭]，遭齿舌[⑮]不少，独欠为人师耳。

抑又闻之，古者重冠礼[⑯]，将以责成人之道，是圣人所尤用心者也。数百年来，人不复行。近有孙昌胤者，独发愤行之。既成礼，明日造朝至外庭，荐笏[⑰]言于卿士曰："某子冠毕。"应之者咸怃然[⑱]。京兆尹[⑲]郑叔则怫然[⑳]曳笏却立，曰："何预我耶？"廷中皆大笑。天下不以非郑尹而快孙子，何哉？独为所不为也。今之命师者大类此。

吾子行厚而辞深，凡所作，皆恢恢然有古人形貌，虽仆敢为师，亦何所增加也？假而以仆年先吾子，闻道著书之日不后，诚欲往来言所闻，则仆固愿悉陈中所得者。吾子苟自择之，取某事去某事，则可矣。若定是非以教吾子，仆材不足，而又畏前所陈者，其为不敢也决矣。吾子前所欲见吾文，既悉以陈之，非以耀明于子，聊欲以观子气色诚好恶何如也。今书来，言者皆大过。吾子诚非佞誉诬谀之徒，直见爱甚故然耳。

始吾幼且少，为文章，以辞为工。及长，乃知文者以明道，是固不苟为炳炳烺烺[㉑]，务采色、夸声音而以为能也。

凡吾所陈，皆自谓近道，而不知道之果近乎，远乎？吾子好道而可吾文，或者其于道不远矣。故吾每为文章，未尝敢以轻心掉之，惧其剽而不留也；未尝敢以怠心易之，惧其弛而不严也；未尝敢以昏气出之，惧其昧没而杂也；未尝敢以矜[22]气作之，惧其偃蹇[23]而骄也。抑之欲其奥，扬之欲其明，疏之欲其通，廉之欲其节，激而发之欲其清，固而存之欲其重，此吾所以羽翼夫道也。本之《书》以求其质，本之《诗》以求其恒，本之《礼》以求其宜，本之《春秋》以求其断，本之《易》以求其动，此吾所以取道之原也。参之穀梁氏[24]以厉其气，参之《孟》《荀》以畅其支，参之《庄》《老》以肆其端，参之《国语》以博其趣，参之《离骚》以致其幽，参之太史公以著其洁，此吾所以旁推交通而以为之文也。凡若此者，果是耶，非耶？有取乎，抑其无取乎？吾子幸观焉择焉，有余以告焉。苟亟来以广是道，子不有得焉，则我得矣，又何以师云尔哉？取其实而去其名，无招越、蜀吠怪，而为外廷所笑，则幸矣！宗元白。

【注释】

①辱书：自谦之辞，承蒙对方寄来书信。②仆道不笃：我在道德修养方面还不够深厚。③环顾其中：环视各个方面。④自卜：自己估计。⑤抗颜：态度端正不屈。⑥指目牵引：用手指着，用眼睛看着，互相拉扯着示意，是一种轻视的行为。⑦炊不暇熟：饭都来不及煮熟，意谓非常急迫、匆忙。⑧挈挈（qiè）：急忙紧迫的样子。⑨苍黄：同“仓皇”，惊慌失措的样子。⑩衒（xuàn）怪于群目：指在众人面前故意突出自己的行为而引人注目。⑪呶（náo）呶：喧嚷，唠叨。⑫咈（fú）：干扰。⑬僵仆：形容人走路东倒西歪的姿态，此处是指仕途的坎坷不平。烦愦：心烦意乱。⑭望外：意料之外。⑮齿舌：口舌，指被人议论。⑯冠礼：古代年满二十岁的

男子所举行的加冠仪式。⑰荐笏（hù）：将笏板插在衣带上。荐，插。笏，古代臣子朝见皇帝时所执的可以用来记事的手板。⑱咸怃（wǔ）然：皆是一副怅然若失、莫名其妙的样子。⑲京兆尹：官名，京城的行政长官。⑳怫（fú）然：不悦的样子。㉑炳炳烺（lǎng）烺：比喻明亮美好。此处是辞藻华丽的意思。㉒矜（jīn）：自傲自大。㉓偃蹇：高高耸立的样子。此处引申为骄傲、不谦虚。㉔穀（gǔ）梁氏：指《春秋穀梁传》，“春秋三传”之一。

报袁君陈秀才避师名书[1]

【原文】

秀才足下：仆避师名久矣。往在京都，后学之士到仆门，日或数十人，仆不敢虚其来意，有长必出之，有不至必惎之。虽若是，当时无师弟子之说。其所不乐为者，非以师为非，弟子为罪也。有两事，故不能：自视以为不足为，一也；世久无师弟子，决为之，且见非，且见罪，惧而不为，二也。其大说具《答韦中立书》，今以往，可观之。

秀才貌甚坚，辞甚强，仆自始觌[2]，固奇秀才，及见两文，愈益奇。虽在京都，日数十人到门者，谁出秀才右耶？前已毕秀才可为成人[3]，仆之心固虚矣，又何鲲鹏互乡[4]于尺牍哉！秋风益高，暑气益衰，可偶居卒谈。秀才时见咨[5]，仆有诸内[6]者不敢爱惜[7]。

大都文以行为本，在先诚其中。其外者当先读六经[8]，次《论语》、孟轲书[9]皆经言；《左氏》《国语》、庄周[10]、屈原之辞，稍采取之；穀梁子、太史公甚峻洁，可以出入；余书俟文成异日讨也。其归在不出孔子，此其古人贤士所懔懔[11]者。求孔子之道，不于异书。秀才志于道，慎勿怪、勿杂、勿务速显。道苟成，则悫然尔，久则蔚然尔。源而流者岁旱不涸，蓄谷者不病凶年，蓄珠玉者不虞殍[12]死矣。然则成[13]而久者，其术[14]可见。虽孔子在，为秀才计，未必过此。不具。宗元白。

【注释】

①报：回报，答复。袁君陈：其人不详。避师名：回避当老师的名号。柳宗元本人不愿意被冠上老师的名号，袁君陈对此曾寄信表示不满。此文是柳宗元回给袁君陈的一封书信。信中对避师名的原因进行了解释，还进一步谈及了一些关于写作和学习的看法。②觌（dí）：相见。③成人：全能之人，才能比较全面的人。④鲲：传说中的一种大鱼。鹏：传说中的一种大鸟。柳宗元文中所提及的鲲鹏出自《庄子·逍遥游》，这是借鲲鹏来比喻袁君陈才能出众。互乡：古地名，其地不详。《论语·述而》中所说的“互乡”是一个人性极其败坏的地方，无法与这里的人谈及任何行善之事。柳宗元借此来形容自己身处之地的险恶。⑤时见咨：时常找我咨询。⑥有诸内：指自己已有的学问。⑦爱惜：小气的意思。⑧六经：指六部儒家经典，即《春秋》《礼记》《诗经》《易经》《书经》《乐经》。⑨孟轲书：指孟子及其弟子万章等所著的《孟子》。⑩庄周：战国时宋蒙（今河南商丘东北）人，曾著《庄子》。⑪懔懔（lǐn）：恐惧，敬畏，这里有小心警惕的意思。⑫虞：忧虑。殍：饿死。⑬成：通”诚”，至诚，审慎。⑭术：指写作的技巧和方法。

报崔黯秀才论为文书

【原文】

崔生足下：辱[1]书及文章，辞意良高，所向慕不凡近，诚有意乎圣人之言。然圣人之言，期以明道，学者务求诸道而遗其辞。辞之传于世者，必由于书。道假辞而明，辞假书而传，要之，之道而已耳。道之及，及乎物而已耳，斯取道之内者也。今世因贵辞而矜书，粉泽以为工，遒密[②]以为能，不亦外乎？吾子之所言道，匪[③]辞而书，其所望于仆，亦匪辞而书，是不亦去及物之道愈以远乎？仆尝学圣人之道，身虽穷，志求之不已，庶几可以语于古。恨与吾子不同州部，闭口无所发明。观吾子文章，自秀士可通圣人之说。今吾子求于道也外，而望于余也愈外，是其可惜欤！吾且不言，是负吾子数千里不弃朽废者之意，故复云尔也。

凡人好辞工书者，皆病癖也。吾不幸蚤得二病。学道以来，日思砭针攻熨，卒不能去，缠结心腑牢甚，愿斯须忘之而不克，窃尝自毒。今吾子乃始钦钦思易吾病，不亦惑乎？斯固有潜块积瘕，中子之内藏，恬而不悟，可怜哉！其卒与我何异？均之二病，书字益下，而子之意又益下，则子之病又益笃，甚矣，子癖于伎也。

吾尝见病心腹人，有思啖土炭、嗜酸咸者，不得则大戚。其亲爱之者不忍其戚，因探而与之。观吾子之意，亦已戚矣。吾虽未得亲爱吾子，然亦重来意之勤，有不忍矣。诚欲分吾土炭酸咸，吾不敢爱，但远言其证不可也，俟[④]面乃悉陈吾状。未相见，且试求良医为方已之。苟能已，大善，则及物之道，专而易通。若积结既定，医无所能已，幸期相见时，吾决分子其啖[⑤]嗜者。不具。宗元白。

【注释】

①辱：谦辞，表示承蒙。②遒密：刚健缜密。③匪：通“非”，不是。④俟（sì）：等待。⑤啖（dàn）：吃。

与友人论为文书

【原文】

古今号文章为难，足下知其所以难乎？非谓比兴之不足，恢拓[①]之不远，钻砺[②]之不工，颇纇[③]之不除也。得之为难，知之愈难耳。苟或得其高朗，探其深赜[④]，虽有芜败[⑤]，则为日月之蚀也，大圭[⑥]之瑕也，曷足伤其明黜其宝哉[⑦]？

且自孔氏以来，兹道大阐[⑧]。家修人励，刓精竭虑[⑨]者，几千年矣。其间耗费简札[⑩]，役用心神者，其可数乎？登文章之箓[⑪]，波及后代，越不过数十人耳。其余谁不欲争裂绮绣[⑫]，互攀日月[⑬]，高视于万物之中，雄峙[⑭]于百代之下乎？率皆纵臾而不克[⑮]，踯躅[⑯]而不进，力蹷势穷，吞志而没。故曰得之为难。

嗟乎！道之显晦，幸不幸系焉；谈之辩讷，升降[⑰]系焉；鉴之颇正，好恶系焉；交之广狭，屈伸系焉。则彼卓然自得以奋其间者，合乎否乎？是未可知也。而又荣古陋今者，比肩叠迹[⑱]。大抵生则不遇，死而垂声者众焉。扬雄没而《法言》大兴，马迁[⑲]生而《史记》未振。彼之二才，且犹若是，况乎未甚闻著者哉！固有文不传于后祀，声遂绝于天下者矣。故曰知之愈难。而为文之士，亦多渔猎前作，戕贼文史，抉其意，抽其华，置齿牙间，遇事蜂起，金声玉耀，诳聋瞽之人，徼一时之声[⑳]。虽终沦弃，而其夺朱乱雅[㉑]，为害已甚。是其所以难也。

间闻足下欲观仆文章，退发囊笥[㉒]，编其芜秽[㉓]，心悸气动，交于胸中，未知孰胜，故久滞而不往也。今往仆所著赋颂碑碣文记议论书序之文，凡四十八篇，合为一通，想令治书苍头[㉔]吟讽[㉕]之也。击辕拊缶[㉖]，必有所择，顾鉴视其何如耳，还以一字示褒贬焉。

【注释】

①恢拓：开拓，扩展。②钻砺（lì）：钻研砥砺。③纇（lèi）：缺点，毛病。④赜（zé）：玄妙，深奥。⑤芜败：杂乱败笔处。⑥圭

(guī)：玉器。⑦"曷足"句：怎么能破坏日月的光芒，贬低宝玉的价值呢？曷足，表示疑问，怎么能。伤，损害。黜（chù），贬低，贬抑。⑧兹道大阐：指为文之道大开。⑨刓（wán）精：损耗精力。竭虑：竭尽思虑。⑩简札：古时书写所用的材料。简，即竹简。札，形体薄小的木简。这里是指笔墨纸张。⑪箓（lù）：簿籍，册子。⑫裂：剪裁之意。绮（qǐ）绣：本意是绮罗锦绣极富文彩，此处引申为文采华丽。⑬日月：意思与日月争辉。⑭雄峙（zhì）：称霸耸立。⑮纵臾：从容。不克：不能获取成功。⑯踯躅（zhí zhú）：在原地徘徊不前。⑰升降：指升官降职。⑱比肩叠迹：肩并着肩，脚跟着脚。形容人非常多。叠迹，足迹相连在一块。⑲马迁：西汉著名史学家、文学家司马迁。⑳"诳"二句：蒙骗那些没有见识的人，赢得一时的声誉。诳（kuáng），欺骗。聋瞽之人，耳聋眼瞎之人，比喻无见识的人。徼（jiǎo），迎合。㉑夺朱乱雅：夺去红色，扰乱雅乐。是以假乱真的意思。出自《论语·阳货》："恶紫之夺朱也，恶郑声之乱雅乐也。"意思是说，可恨的是紫色夺去了大红色的光芒和地位，郑国的乐曲扰乱了优雅的乐曲。此处指的是那些"金声玉耀"的次品以假乱真。㉒囊笥（sì）：口袋和竹箱，用来收藏文稿的东西。㉓编：整理。芜秽：杂乱污秽的东西，作者谦指自己的文稿。㉔治书苍头：指管理书籍的奴仆。㉕吟讽：朗读背诵。㉖击辕拊（fǔ）缶（fǒu）：原指打击车辕敲击瓦器，这里是作者说自己作品简单粗糙。击，敲打。辕，车辕。拊，拍打。缶，一种瓦质的大肚小口的打击乐器。

与太学诸生喜诣阙留阳城司业书①

【原文】

二十六日，集贤殿正字柳宗元敬致尺牍②，太学诸生足下：始朝廷用谏议大夫阳公为司业，诸生陶煦醇懿③，熙然大洽[4]，于兹四祀而已，诏书出为道州。仆时通籍[5]光范门，就职书府，闻之悒[6]然不喜。非特为诸生戚戚[7]也，乃仆亦失其师表，而莫有所矜式[8]焉。而署吏有传致诏草[9]者，仆得观之。盖主上知阳公甚熟，嘉美显宠，勤至备厚，乃知欲烦阳公宣风裔土[10]，覃[11]布美化于黎献也。遂宽然少喜，如获慰荐[12]于天子休命。然而退自感悼，幸生明圣不讳之代，不能布露所蓄，论列大体，闻于下执事[13]，冀少见采取，而还阳公之南也。翌日，退自书府，就车于司马门外，闻之于抱关[14]掌管者，道诸生爱慕阳公之德教，不忍其去，顿首西阙下，恳悃[15]至愿乞留如故者百数十人。辄用抚手喜甚，震抃[16]不宁，不意古道复形于今。仆尝读李元礼[17]、嵇叔夜[18]传，观其言太学生徒仰阙赴诉者，仆谓讫千百年不可睹闻，乃今日闻而睹之，诚诸生见赐甚盛。

於戏！始仆少时，尝有意游太学，受师说，以植志持身焉。当时说者咸曰："太学生聚为朋曹，侮老慢[19]贤，有堕窳[20]败业而利口食者，有崇饰恶言而肆斗讼者，有凌傲长上而谇骂有司[21]者，其退然自克，特殊于众人者无几耳。"仆闻之，恂骇怛悸，良痛其游圣人之门，而众为是嗜嗜[22]也。遂退托乡闾家塾，考厉[23]志业，过太学之门而不敢跼顾，尚何能仰视其学徒者哉！今乃奋志厉义，出乎千百年之表，何闻见之乖剌[24]欤？岂说者过也，将亦时异人异，无向时之桀[25]害者耶？其无乃阳公之渐渍导训，明效所致乎？夫如是，服圣人遗教，居天子太学，可无愧矣。

於戏！阳公有博厚恢弘之德，能并容善伪，来者不拒。曩闻有狂惑小生[26]，依托门下，或乃飞文陈愚，丑行无赖，而论者以为言，谓阳公过于纳污，无人师之道。是大不然。仲尼吾党狂狷，南郭献讥；曾参徒七十二人，致祸负刍；孟轲馆齐，从者窃屦。彼一圣两贤人，继为大儒，然犹不免，如之何其拒人也？俞、扁[27]之门，不拒病夫；绳墨[28]之侧，不拒枉[29]材；师儒之席，不拒曲士，理固然也。且阳公之在于朝，四方闻风，仰而尊之，贪冒苟进邪薄之夫，庶得少沮[30]其志，不遂其恶，虽微师尹[31]之位，而人实具瞻焉。与其宣风一方，覃化一州，其功之远近，又可量哉！诸生之言非独为己也，于国体实甚宜，愿诸生勿得私之。想复再上，故少佐笔端耳。勖[32]此良志，俾[33]为史者有以纪述也。努力多贺[34]。柳宗元白。

【注释】

①太学：古学校名，即国学，属于国子监。诣阙：赴皇帝的殿庭。阳城（736~805）：字亢宗，定州北平（今属河北）人。司业：官名，即国子监司业一职，主要任务是协助国子监办事。②尺牍：书信。③陶煦：熏陶。醇懿：纯厚质朴的美德。④熙然：温暖融洽的样子。洽：谐和，融洽。⑤通籍：指进士初及第。⑥悒（yì）：郁闷愁苦。⑦戚戚：伤感的样子。⑧矜式：尊重效法。⑨草：底本。⑩宣风：宣扬王风。裔土：荒远的边地。⑪覃：延伸。⑫慰荐：亲切抚慰。⑬执事：供奴役的人，因不敢直称皇帝，故以左右执事来代之。⑭抱关：守门。⑮悃（kǔn）：诚恳。⑯抃（biàn）：鼓掌，欢欣鼓舞。⑰李元礼：指李膺，汉颍川襄城（今属河南）人。⑱嵇叔夜：指三国时期的嵇康。⑲慢：怠慢。⑳窳（yǔ）：不勤快。㉑谇骂：责骂。有司：主管的官吏。㉒嚃嚃（tà）：形容话多。㉓考厉：磨砺。㉔乖刺：违迕，相背。㉕桀：夏朝最后一位君王，为人昏庸残暴，后用其名来指称暴政。㉖“曩闻”句：以前听闻有一狂惑小生。曩（nǎng），从前，过去。狂惑小生，指薛约。㉗俞、扁：是指古代良医俞跗和扁鹊。㉘绳墨：木匠画直线的工具。㉙枉：弯曲。㉚沮：停止。㉛微：无。师尹：周太师尹氏。㉜勖：勉励。㉝俾（bǐ）：使。㉞贺：祝贺。

贺进士王参元失火书

【原文】

得杨八[①]书，知足下遇火灾，家无余储。仆始闻而骇，中而疑，终乃大喜，盖将吊而更以贺也。道远言略，犹未能究知其状，若果荡焉泯焉而悉无有，乃吾所以尤贺者也。

足下勤奉养，宁朝夕，唯恬安无事是望也。乃今有焚炀赫烈之虞，以震骇左右，而脂膏滫瀡[②]之具，或以不给，吾是以始而骇也。凡人之言，皆曰盈虚倚伏[③]，去来之不可常。或将大有为也，乃始厄困震悸，于是有水火之孽，有群小之愠，劳苦变动，而后能光明，古之人皆然。斯道辽阔诞漫，虽圣人不能以是必信，是故中而疑也。以足下读古人书，为文章，善小学[④]，其为多能若是，而进不能出群士之上，以取显贵者，无他故焉。京城人多言足下家有积货，士之好廉名者，皆畏忌，不敢道足下之善，独自得之，心蓄之，衔忍而不出诸口，以公道之难明，而世之多嫌也。一出口，则嗤嗤者以为得重赂。仆自贞元十五年见足下之文章，蓄之者盖六七年未尝言。是仆私一身而负公道久矣，非特负足下也。及为御史尚书郎，自以幸为天子近臣，得奋其舌[⑤]，思以发明天下之郁塞。然时称道于行列，犹有顾视而窃笑者，仆良恨修己之不亮，素誉之不立，而为世嫌之所加，常与孟几道[⑥]言而痛之。乃今幸为天火之所涤荡，凡众之疑虑，举为灰埃。黔其庐，赭其垣，以示其无有，而足下之才能乃可以显白而不污。其实出矣，是祝融、回禄[⑦]之相吾子也。则仆与几道十年之相知，不若兹火一夕之为足下誉也。宥而彰之，使夫蓄于心者，咸得开其喙[⑧]，发策决科者，授子而不慄，虽欲如向之蓄缩受侮，其可得乎？于兹吾有望乎尔！是以终乃大喜也。古者列国有灾，同位者皆相吊；许不吊灾，君子恶之⑨。今吾之所陈若是，有以异乎古，故将吊而更以贺也。颜、曾之养，其为乐也大矣，又何阙焉？

足下前要仆文章古书，极不忘，候得数十幅乃并往耳。吴二十一武陵来，言足下为《醉赋》及《对问》，大善，可寄一本。仆近亦好作文，与在京城时颇异。思与足下辈言之，桎梏甚固，未可得也。因人南来，致书访死生。不悉。宗元白。

【注释】

①杨八：是柳宗元岳父杨凭的侄子，王参元友人，名敬之，在杨族中排行第八，故称杨八。②滫瀡（xiǔ suǐ）：此处指烹饪时用的淀粉类的食材使食物柔滑，泛指食物。③盈虚倚伏：兴衰祸福是相互转化的，出自《老子》"祸兮福之所倚，福兮祸之所伏"。大意为祸是福的依托，福中又藏有祸，祸福在一定条件下是可以相互转化的。④小学：旧时对文字学、训诂学、音韵学的总称。⑤得奋其舌：此处是指有了对皇帝进谏的机会。奋，鼓动。⑥孟几道：指柳宗元的好朋友孟简，几道是其字，为人擅写诗，非常重义守节。⑦祝融、回禄：都是传说中的火神名。⑧喙：鸟兽的嘴。这里借指人的嘴。⑨"许不吊灾"二句：据《左传》记载，鲁昭公十八年（前520），宋、卫、陈、郑四国相继出现火灾，许国都不曾慰问这些国家，有识之士由此推测许国必将灭亡。许，春秋时期的国名，在今河南许昌一带。

答严厚舆秀才论为师道书

【原文】

二十五日某白，冯翊严生足下：得生书，言为师之说，怪仆所作《师友箴》与《答韦中立书》，欲变仆不为师之志，而屈己为弟子。凡仆所为二文，其卒果不异，仆之所避者名也，所忧者其实也，实不可一日忘。仆聊歌以为箴，行且求中以益己，慄慄不敢暇，又不敢自谓有可师乎人者耳。若乃名者，方为薄世笑骂，仆脆怯，尤不足当也。内不足为，外不足当，众口虽恳恳见迫，其若吾子何？实之要，二文中皆是也，吾子其详读之，仆见解不出此。

吾子所云仲尼之说，岂易耶？仲尼可学不可为也。学之至，斯则仲尼矣；未至而欲行仲尼之事，若宋襄公好霸而败国，卒中矢而死[①]。仲尼岂易言耶？马融[②]、郑玄[③]者，二子独章句师耳。今世固不少章句师，仆幸非其人。吾子欲之，其有乐而望吾子者矣。言道、讲古、穷文辞以为师，则固吾属事。仆才能勇敢不如韩退之，故又不为人师。人之所见有同异，吾子无以韩责我。若曰仆拒千百人，又非也。仆之所拒，拒为师弟子名，而不敢当其礼者也。若言道、讲古、穷文辞，有来问我者，吾岂尝瞋目闭口耶？

敬叔[④]吾所信爱，今不得见其人，又不敢废其言。吾子文甚畅远，恢恢乎其辟大路将疾驰也。攻其车，肥其马，长其策，调其六辔，中道之行大都，舍是又奚师欤？亟谋于知道者而考诸古，师不乏矣。幸而亟来，终日与吾子言，不敢倦，不敢爱，不敢肆。苟去其名，全其实，以其余易其不足，亦可交以为师矣。如此，无世俗累而有益乎己，古今未有好道而避是者。宗元白。

【注释】

①“若”句：此事载于《左传·僖公二十二年》，宋襄公在泓水大战楚人。宋师吃了败仗，宋襄公伤及大腿，在二十三年（前637）五月死去。②马融：东汉著名经学家，字季长，扶风茂陵（今陕西兴

平东北）人。③郑玄：东汉末年的儒家大师，字康成，北海高密（今山东潍坊）人。④敬叔：指吕温之弟吕恭，字敬叔，唐河中（今山西永济）人。

卷十一　表

为裴中丞[1]贺克东平赦表

【原文】

臣某言：伏奉月日德音，以淄青荡平，褒功宥罪，布告遐迩者[2]。臣闻肃杀之后，每致阳和；雷霆既施，必闻膏泽。

伏惟陛下体乾刚以运行，协坤元之翕[3]辟，百灵受职，六合从风。阻兵怙乱[4]者，必就枭擒；怀忠抱义者，无不甄录。激其效顺，特加旄节之荣；宠以元功，遂兼鼎铉之任。戎行穷赏赍[5]之重，死事极褒恤之优，劫胁之役尽除，聚敛之名皆去。伤痍受煦[6]，老疾加恩，丰财已复其征徭，赐种更盈于穜稑。严山川之祀，神必有依；申义烈之家，物无不感。周王推忠厚之化[7]，汉帝惭恺悌[8]之风，太平之德，斯为至盛。然则虞巡可复，告成将庆于岱宗[9]；汉典方行[10]，讲礼再荣于阙里[11]。臣谬膺重寄，获睹大和，抃蹈之诚，倍万恒品。谨已施行郡邑，宣示军戎。莫不动地欢呼，若醉千钟之酒；腾天鼓舞，如闻九奏之音[12]。无任庆贺踊跃之至。

【注释】

①裴中丞：指御史中丞裴行立。绛州稷山（今山西绛州）人。

②“臣某言”几句：元和十四年（819）二月，淄青的都知兵马使刘悟，斩杀了节度使李师道，向唐投降，并昭告天下李师道是因为死罪而被降职流放。③翕（xī）：收拢，聚合。④阻兵：依靠军队。怙乱（hù luàn）：乘乱谋利。⑤赍（jī）：将东西赠予、送给别人的意思。⑥伤痍：创伤。煦：和乐的样子。⑦“周王”句：周王推行忠诚宽厚的教化。⑧恺悌：和乐平和。⑨岱宗：泰山。⑩“汉典方行”句：汉武帝元封元年（前110），登封泰山，应召力云：“功成治定，告成于天。”汉典之名就是出于此处。⑪阙里：孔子故里。⑫九奏之音：指古代行礼奏乐的九曲。此句出自《周礼·钟师》。

为刘同州谢上表

【原文】

臣某言：伏奉某月日制，除臣同州刺史兼本州防御、营田、长春宫使，某月日到州上任讫。臣初奉纶言，震于无极，及临所部，惊惧逾深。投躯莫报于乾坤，陈力无裨于造化。臣某诚惶诚恐，顿首顿首。

臣出自诸生，不习为吏，有恇[①]懦之质，无区处之能。托迹儒门，乏仲弓南面[②]之德；委身郎署，阙冯唐[③]论将之对。尝惧叨冒清列，芜秽圣朝。岂意天听忽临，鸿恩荐及，八命[④]作牧，一麾出守[⑤]。拔自下位，寄之雄藩，非臣庸琐，所宜膺据。况冯翊密迩王都，古称三辅，爰自近代，命秩逾崇。有兵食之虞，有宫室之制，皆公卿将相出入由之。仰征甲令[⑥]，俯窥图记，跼蹐[⑦]无地，以兢以惶，恩重命轻，不知所效。庶当刻精运力，夙夜祗勤，上奉雍熙，旁流恺悌。以日击月，傥或有成，庶几之心，懔懔增惕。徒望云而就日[⑧]，喜近帝乡[⑨]；将击壤以成风，共歌尧代。天威咫尺，敢布丹诚。无任悃恳屏营之至。

【注释】

①恇（kuāng）：畏惧，惊恐，懦弱。②南面：古代认为坐北朝南是尊贵的象征，所以群臣朝见帝王诸侯，或是卿大夫面见下属，上位者都必须向南而坐，在这里是用来指代帝王或诸侯、卿大夫的尊贵地位。③冯唐：西汉大臣。冯唐为人孝顺，并因此闻名于世。④八命：周代官爵共分为九个等级，统称为九命，而“八命”这一等级包含尊显的三公和州牧。名称的典故出自《周礼》。⑤一麾出守：原指阮咸在朝廷受到多方排挤，出任始平太守，后用来指京官出任地方官。麾，排挤。典故出自颜延之所著的《五君咏》：“屡荐不入官，一麾乃出守。”⑥甲令：第一道法令。⑦跼蹐（jú jí）：畏缩惧怕的样子。⑧望云而就日：远远望去像彩云，近看却像太阳。典故出自《史记·五帝本纪》：“帝尧者，放勋。其仁如天，其知如神。就之如日，望之如云。”⑨帝乡：帝王的故乡。典故出自《后汉书》：“南阳帝乡，多近亲。”

卷十二 非国语

非国语序

【原文】

左氏《国语》，其文深闳杰异[1]，固世之所耽嗜[2]而不已也。而其说多诬淫[3]，不概于圣。余惧世之学者溺其文采而沦于是非，是不得由中庸[4]以入尧、舜之道。本诸理，作《非国语》。

【注释】

①深闳（hóng）杰异：闳，大、高。杰，格外超众、广博深邃、卓

越超群。②耽：沉溺。嗜：贪好。③诬淫：诬，欺骗。淫，惑乱。④中庸：中庸是儒家的最高道德标准。中，不偏。庸，不变。

非国语上（三十一篇）

灭密

【原文】

恭王[①]游于泾[②]上，密[③]康公从，有三女奔[④]之。其母[⑤]曰："必致之王。众以美物归汝，何德以堪[⑥]之？小丑[⑦]备物，终必亡。"康公不献。一年，王灭密。

非曰：康公之母诚贤耶[⑧]？则宜以淫荒失度命[⑨]其子，焉用惧之以数？且以德大而后堪，则纳三女之奔者，德果何如？若曰"勿受之"，则可矣。教子而媚王以女，非正也。左氏以灭密征[⑩]之，无足取者。

【注释】

①恭王：周恭王，姓姬名繄扈。《史记》作"共王"。②泾：水名。③密：商代姞姓的一个国家，后周代灭密并改姞为姬，国名仍保留。④奔：在古代，女子未经媒妁之言就与男子私自结合的称为奔。⑤其母：密康公之母。⑥堪：承受。⑦丑："醜"的简化字，原指地位卑贱，像小丑那般的人物。这里是把密康公与周天子相比，密康公权势小，地位低。⑧"康公"句：密康公的母亲的确是贤明的妇人，用"小丑备物，终必亡"来训导密康公，世人认为其母贤德兼备，被西汉刘向编入《列女传·贤明类》之中。⑨命：教令。⑩征："徵"的简化字，证明，验证。

不藉

【原文】

宣王[①]不藉千亩[②]。虢文公[③]谏曰："将何以求福用人[4]？”王不听。三十九年，战于千亩[5]，王师败绩于姜氏之戎。

非曰：古之必藉千亩者，礼之饰[6]也。其道若曰：吾犹耕云尔。又曰：吾以奉天地宗庙。则存其礼诚善矣。然而存其礼之为劝乎农也，则未若时使而不夺其力，节用而不殚其财，通其有无，和其乡闾，则食固人之大急，不劝而劝矣。启蛰[7]也得其耕，时雨也得其种，苗之猥[8]大也得其耘，实之坚好也得其获，京庾[9]得其贮，老幼得其养，取之也均以薄，藏之也优以固，则三推[10]之道存乎亡乎，皆可以为国矣。彼之不图，而曰我特以是劝，则固不可。今为书者曰："将何以求福用人？"夫福之求，不若行吾言之大德也；人之用，不若行吾言之和乐以死也。败于戎，而引是以合焉，夫何怪而不属也？又曰"战于千亩"者，吾益羞之。

【注释】

①宣王：指周宣王，公元前827年至公元前782年在位。②不藉千亩：不遵循天子亲耕千亩的古制。③虢文公：周文王同母弟虢仲的后裔，为周王卿士。④用人：《国语》为"用民"，柳宗元避唐太宗讳故作"人"。⑤千亩：春秋时地名，在今山西介休南。⑥饰：同"饬"，整治、休整。⑦启蛰：节气名。因昆虫在冬天蛰伏，到了春天复出，所以称之为启蛰。⑧猥：众多，盛壮。⑨京庾：京，高岗。庾，露天的谷仓。⑩三推：一种祭祀的形式，典故主要出自《礼记·月令》。

三川震

【原文】

幽王[1]二年，西周三川[2]皆震。伯阳父曰："周将亡矣！夫天地之气，不失其序；若过其序，民乱之也。阳伏而不能出，阴迫而不能蒸，于是有地震。今三川实震，是阳失其所而镇阴也。阳失而在阴，源必塞。源塞，国必亡。若国亡，不过十年，数之纪也。夫天之所弃，不过其纪。”是岁也，三川竭，岐山[③]崩。幽王乃灭，周乃东迁。

非曰：山川者，特天地之物也。阴与阳者，气而游乎其间者也。自动自休，自峙自流，是恶乎与我谋？自斗自竭，自崩自缺，是恶乎为我设？彼固有所逼引，而认之者不塞则惑。夫釜鬲[④]而爨[⑤]者，必涌溢蒸郁以糜百物；畦汲而灌者，必冲荡濆激[⑥]以败土石。是特老圃者之为也，犹足动乎物，又况天地之无倪，阴阳之无穷，以澒洞[⑦]轇轕乎其中，或会或离，或吸或吹，如轮如机，其孰能知之？且曰：“源塞，国必亡。”“人乏财用，不亡何待？”则又吾所不识也。且所谓者天事乎？抑人事乎？若曰天者，则吾既陈于前矣；人也，则乏财用而取亡者，不有他术乎？而曰是川之为尤！又曰“天之所弃，不过其纪”。愈甚乎哉！吾无取乎尔也。

【注释】

①幽王：指一代亡国之君周幽王，在位执政却不理朝政，终日流连于美色之间，历史上著名的“烽火戏诸侯”事件的主人公。②三川：西周把泾、渭、洛定为三川。③岐山：位于陕西西部，宝鸡境东北部。④釜鬲（fǔ lì）：泛指炊器。鬲，陶制炊具，口为圆形，有三根空心足。⑤爨（cuàn）：烧火做饭。⑥濆激（pēn jī）：喷涌冲击。⑦澒洞（hòng dòng）：绵延，弥漫。

料民

【原文】

宣王料民于太原，仲山父谏曰：“民不可料也。夫古者不料民而知其少多。王治农于藉，蒐于农隙，耨[①]获亦于藉，狝[②]于既蒸，狩于毕时，是皆习民数也，又何料焉！不谓其少而大料之，是示少而恶事也。临政示少，诸侯避之。治民恶事，无以赋令。且无故而料民，天之所恶也，害于政而妨于嗣。”王卒料之。及幽王，乃废灭。

非曰：吾尝言，圣人之道，不穷异以为神，不引天以为高，故孔子不语怪与神[③]。君子之谏其君也，以道不以诬，务明其君，非务愚其君也。诬以愚其君则不臣。仲山氏果以职有所协，不待料而具，而料之者政之尨也，姑云尔而已矣，又何以示少恶事为哉？况为大妄以诿乎后嗣！惑于神怪愚诬之说，而以是征幽之废灭，则是幽之悖乱不足以取灭，而料民者以祸之也。仲山氏其至于是乎？盖左氏之嗜诬斯人也已！何取乎尔也？

【注释】

①耨（nòu）：古代用来锄草的农具。②狝（xiǎn）：古代指秋天打猎。③“故”句：所以孔子不谈论怪异与鬼神之事。此典故出自《论语·述而》：“子不语怪、力、乱、神。”

神降于莘[①]

【原文】

周惠王十五年，有神降于莘。王问于内史过曰：“今是何神也？”对曰：“昔昭王娶于房，曰房后，实有爽德，协于丹朱。丹朱冯身以仪之，生穆王焉。实临周之子孙而祸福之。夫神壹，不远徙迁。若由是观之，其丹朱之神乎？”王曰：“其谁受之？”对曰：“在虢土。”王曰：“然则何为？”对曰：“臣闻之，道而得神，是谓逢福；淫而得神，是谓贪祸。今虢少荒，其亡乎！”王曰：“吾其若之何？”

对曰："使太宰以祝史帅狸姓，奉牺牲粢盛玉帛往献焉，无有祈也。"王曰："虢其几何？"对曰："昔尧临民以五，今其胄见，神之见也，不过其物。若由是观之，不过五年。"

非曰：力足者取乎人，力不足者取乎神。所谓足，足乎道之谓也，尧、舜是矣。周之始，固以神矣，况其征乎？彼鸣乎莘者，以焄蒿[②]凄怆，妖之浅者也。天子以是问，卿以是言，则固已陋矣。而其甚者，乃妄取时日，莽浪无状，而寓之丹朱，则又以房后之恶德与丹朱协，而凭以生穆王，而降于虢，以临周之子孙，于是遂帅丹朱之裔以奉祠焉；又曰尧临人以五，今其胄[③]见，虢之亡，不过五年。斯其为书也，不待片言而迂诞彰矣！

【注释】

①莘：虢地。②焄蒿（xūn hāo）：祭祀时所用的祭品散发出的气味，后也用来指代祭祀。最早记载于《礼记·祭义》："其气发扬于上，为昭明，焄蒿，凄怆，此百物之精也，神之著也。"③胄（zhòu）：本义为头盔。此处引申为受保护的帝王或贵族的后代。

聘鲁

【原文】

定王八年，使刘康公聘于鲁。发币于大夫，季文子、孟献子皆俭，叔孙宣子、东门子家皆侈。归，王问鲁大夫孰贤？对曰："季、孟其长处鲁乎？叔孙、东门其亡乎？若家不亡，身必不免。"王曰："几何？"对曰："东门之位不若叔孙而泰侈焉，不可以事二君。叔孙之位不若季孟而亦泰侈焉，不可以事三君。若皆蚤世，犹可，若登年[①]以载其毒，必亡。"

非曰：泰侈之德恶矣，其死亡也有之矣，而孰能必其时之蚤暮耶？设令时之可必，又孰能必其君之寿夭耶？若二君而寿，三君而夭，则登年载毒之数如之何而准？

【注释】

①登年：多历年。

叔孙侨如

【原文】

简王八年，鲁成公来朝，使叔孙侨如先聘[1]且告。见王孙说，与之语。说言于王曰："鲁叔孙之来也，必有异焉。其享觐之币薄而言谄，殆请之也。若请之，必欲赐也。鲁执政唯强，故不欢焉，而后遣之。且其状方上而锐下，宜触冒人，王其勿赐。若贪陵之人来而盈其愿，是不赏善也。"

非曰：诸侯之来，王有赐予，非以货其人也，以礼其国也。苟叔孙之来，不度于礼，不仪于物，则罪也。王而刑之，谁曰不可？若力之不能而姑勿赐，未足以惩夫贪凌者也，不若与之。今使王逆诈诸侯而蔑其卿，苟兴怨于鲁，未必周之福也。且夫恶叔孙者，泰侈贪凌则可矣，方上而锐下，非所以得罪于天子。

【注释】

①聘：访问。

郄[1]至

【原文】

晋既克楚于鄢，使郄至告庆于周。未将事，王叔简公饮之酒，相说也。明日，王叔子誉诸朝。郄至见邵桓公，与之语。邵公以告单襄公曰："王叔子誉温季，以为必相晋国，相晋国必大得诸侯，劝二三君子必先导焉，可以树。”襄公曰：“人有言曰‘兵在其颈’，其郄至之谓乎！君子不自称也。在《太誓》曰：‘民之所欲，天必从之。’王叔欲郄至，能勿从乎？”郄至归，明年死难。及伯舆之狱，王叔陈生出奔晋。

非曰：单子罪郄至之伐当矣。因以列数舍郑伯、下楚子、逐楚卒，咸以为奸，则是后之人乘其败追合之也。左氏在《晋语》言免胄之事，则曰“勇以知礼”，于此焉而异，吾何取乎？郄氏诚良大夫，不幸其宗侈而亢，兄弟之不令，而智不能周，强不能制，遭晋厉之淫暴，谗嬖[2]窃构以利其室，卒及于祸。吾尝怜焉！今夫执笔者以其及也，而必求其恶以播于后世，然则有大恶幸而得终者，则固掩矣。世俗之情固然耶？其终曰：“王叔欲郄至，能勿从乎？”斯固不足讥也已。

【注释】

①郄（xì）：古同“郤”，也作“隙”。②谗嬖（chán bì）：因进谗而被宠幸。

柯陵之会

【原文】

柯陵之会[1]，单襄公见晋厉公视远步高。晋郄锜[2]见，其语犯；郄犨[3]见，其语迂；郄至见，其语伐；齐国佐见，其语尽。鲁成公见，言及晋难及郄犨之谮。单子曰：“晋将有乱，其君与三郄其当之乎？”鲁侯曰：“敢问天道乎，抑人故也？”对曰：“夫合诸侯，民之大事也。其君在会，步言视听必皆无谪，则可以知德矣。晋侯爽二，吾是以云。今郄伯之语犯，叔迂，季伐。犯则陵人，迂则诬人，伐则掩人，其谁能忍之？虽齐国子亦将与焉。立于淫乱之国，而好尽言以招人过，怨之本也。”简王十二年，晋杀三郄。十三年，晋侯弑。齐人杀国武子。

非曰：是五子者，虽皆见杀，非单子之所宜必也。而曰合诸侯，人之大事，于是乎观存亡。若是，则单子果巫史矣。视远步高、犯、迂、伐、尽者，皆必乎死也，则宜死者众矣！夫以语之迂而曰宜死，则单子之语，迂之大者，独无谪邪？

【注释】

①柯陵之会：在柯陵盟会。此典故见于《春秋·鲁成公十七年》。②锜（qí）：原指古代一种三足的釜。此处为人名。③犨（chōu）：牛喘息声。此处为人名。

晋孙周

【原文】

晋孙谈之子周适周。单襄公以告顷公曰：“必善晋周，将得晋国。其行也文，能文则得天地。天地所祚，小而后国。夫敬，文之恭也；忠，文之实也；信，文之孚也；仁，文之爱也；义，文之制也；智，文之舆也；勇，文之帅也；教，文之施也；孝，文之本也；惠，文之慈也；让，文之材也。此十一者，夫子皆有焉。天六地五[①]，数之常也。”云云。“成公之归也，吾闻晋之筮之也，遇《乾》之《否》，曰‘配而不终’。君三出焉。一既往矣，后之不知，其次必此。且成公之生也，其母梦神规其臀以黑，曰：‘使有晋国，三而畀欢之孙。’故名之曰黑臀。于今再矣。晋襄公曰欢，此其孙也，而令德孝恭，非此而谁？必早善晋子，其当之也。”顷公许诺。

非曰：单子数晋周之德十一，而曰合天地之数，岂德义之言邪？又征卦、梦以附合之，皆不足取也。

【注释】

①天六地五：天有六气，地有五行。典出《国语》注，“天有六气：阴、阳、风、雨、晦、明。地有五行：金、木、水、火、土也。”

谷洛斗

【原文】

灵王二十二年，谷、洛斗，将毁王宫。王欲壅之，太子晋谏。王卒壅之。及景王，多宠人，乱于是乎始生。景王崩，王室大乱。及定王，王室遂卑。

非曰：谷、洛之说，与三川震同。天将毁王宫而勿壅，则王罪大矣，奚以守先王之国？壅之诚是也。彼小子之譊譊[1]者，又足记耶？王室之乱且卑，在德，而又奚谷、洛之斗而征之也？

【注释】

①譊譊（náo）：争辩。

大钱

【原文】

景王将铸大钱。单穆公曰：“不可。可先而不备，谓之怠；可后而先之，谓之召灾。”

非曰：古今之言泉币者多矣。是不可一贯，以其时之升降轻重也。币轻则物价腾踊，物价腾踊[1]则农无所售，皆害也。就而言之，孰为利？曰：币重则利。曰：奈害农何？曰：赋不以钱，而制其布帛之数，则农不害；以钱，则多出布帛而贾，则害矣。今夫病大钱者，吾不知周之时何如哉？

其曰“召灾”，则未之闻也。左氏又于《内传》曰：“王其心疾死乎？”其为书皆类此矣。

【注释】

①腾踊：物价飞涨。

无射

【原文】

王将铸无射，单穆公曰：“不可。”

非曰：钟之大不和于律，乐之所无用，则王妄作矣。单子词曰：“口内味，耳内声，声味生气。气在口为言，在目为明。言以信名，明以时动。名以成政，动以殖生。政成生殖，乐之至也。若视听不和，而有震眩，则味入不精。不精则气佚，气佚则不和。于是有狂悖之言，有眩惑之明，有转易之名，有过慝[①]之度。出令不信，刑政放纷[②]。”而伶州鸠又曰：“乐以殖财。”又曰：“离人怒神。”呜呼！是何取于钟之备也？吾以是怪而不信。或曰：移风易俗则何如？曰：圣人既理定，知风俗和恒而由吾教，于是乎作乐以象之。后之学者述焉，则移风易俗之象可见，非乐能移风易俗也。曰：乐之不能化人也，则圣人何作焉？曰：乐之来，由人情出者也，其始非圣人作也。圣人以为人情之所不能免，因而象政令之美，使之存乎其中，是圣人饰乎乐也。所以明乎物无非道，而政之不可忘耳。孟子曰：“今之乐犹古之乐也。”“与人同乐，则王矣。”吾独以孟子为知乐。

【注释】

①慝（tè）：隐藏，把真正的心思隐藏起来，喻心有邪念。②刑政放纷：刑法政策任其混乱。放纷，放任其混乱无序。

律

【原文】

王问律于伶州鸠，对曰。

非曰：律者，乐之本也，而气达乎物，凡音之起者本焉。而州鸠之辞曰：“律吕不易，无奸物也。和平则久，久固则纯，纯明则终，终复则乐，所以成政。”吾无取乎尔。又曰：“姬氏出自天鼋，大姜之侄所凭神也。岁在周之分野。月在农祥，后稷之所经纬也。武王欲合是而用之。”斯为诬圣人亦大矣。又曰：“王以夷则毕陈，黄钟布戎，太簇布令，无射布宪，施舍于百姓。”吾知其来之自矣，是《大武》之声也。州鸠之愚，信其传，而以为武用律也。孔子语宾牟贾之言《大武》也，曰：“《武》始自北出，再成而灭商，三成而南，四成而南国是疆，五成而分周公左、召公右，六成复缀，以崇天子，夹振之而四伐，盛威于中国。”则是《大武》之象也。“致右宪左”“久立于缀”，皆《大武》之形也。夷则、黄钟、太簇、无射[①]，《大武》之律变也。

【注释】

①“夷则”句：这四个词语均是古代乐律的名称。古乐共划分为十二律，阴阳各六个，主要是用来判定音阶的高低程度。

城成周

【原文】

刘文公[①]与苌弘[②]欲城成周，告晋。魏献子为政，将合诸侯。卫彪傒[③]见单穆公曰：“苌弘其不没乎！苌叔必速及，魏子亦将及焉。若得天福，其当身乎？若刘氏，则子孙实有祸。”是岁，魏献子[④]焚死。二十八年，杀苌弘。及定王，刘氏亡。

非曰：彪傒天所坏之说，吾友化光铭城周，其后牛思黯作《颂忠》，苌弘之忠悉矣，学者求焉。若夫“当身”“速及”之说，巫之无恒者之言也，追为之耳。

【注释】

①刘文公：王卿士。②苌弘：周大夫苌叔。③卫彪傒：卫大夫。④魏献子：晋正卿魏舒。

问战

【原文】

长勺之役，曹刿问所以战于严公。公曰：“小大之狱，必以情断之。”刿曰：“可以一战。”

非曰：刿之问洎严公之对，皆庶乎知战之本矣。而曰夫“神求优裕于飨”“不优，神不福也”。是大不可。方斗二国之存亡，以决民命，不务乎实，而神道焉是问，则事几殆矣。既问公之言狱也，则率然曰“可以一战”，亦问略之尤也。苟公之德可怀诸侯，而不事乎战则已耳；既至于战矣，徒以断狱为战之具，则吾未之信也。刿之辞宜曰：君之臣谋而可制敌者谁也？将而死国难者几何人？士卒之熟练者众寡？器械之坚利者何若？趋地形得上游以延敌者何所？然后可以言战。若独用公之言而恃以战，则其不误国之社稷无几矣。申包胥之言战得之，语在《吴篇》[①]中。

【注释】

①《吴篇》：指的是《国语》中的《吴语》。

跻僖公

【原文】

夏父弗忌[①]为宗[②]，蒸，将跻僖公。展禽曰：“夏父弗忌必有殃。”“若血气强固，将寿宠得没。虽寿而没，不为无殃。”其葬也，焚，烟彻其上。

非曰：由“有殃”以下，非士师所宜云者，诬吾祖矣。

【注释】

①弗忌：鲁大夫。②宗：宗伯，掌国祭祀之礼。

莒[①]仆

【原文】

莒太子仆杀纪公，以其宝来奔。宣公使仆人以书命季文子，里革遇之而更其书。明日，有司复命，公诘之，仆人以里革对。公执之，里革对曰：“毁则者为贼，掩贼者为藏，窃宝者为宄[②]，用宄之财者为奸。使君为藏、奸者，不可不去也；臣违君命者，不可不杀也。”公曰：“寡人实贪，非子之罪也。”乃舍之。

非曰：里革其直矣！曷若授仆人以入谏之为善？公之舍革也美矣！而仆人将君命以行，遇一夫而受其更，释是而勿诛，则无以行令矣。若君命以道而遇奸臣更之，则何如？

【注释】

①莒（jǔ）：周代诸侯国名，位置大致在今山东省莒县一带。②宄（guǐ）：窃夺或作乱的坏人。

仲孙它

【原文】

季文子[①]无衣帛之妾，无食粟之马，仲孙它谏。文子以告孟献子，孟献子囚之七日。自是子服之妾，衣不过七升之布，马饩[2]不过稂莠[3]。

非曰：它可谓能改过矣。然而父在焉，而俭侈专乎己，何也？七升之布，大功之缞也，居然而用之，未适乎中庸也已。

【注释】

①季文子：季孙行父，曾任鲁宣公、成公的宰相。②饩（xì）：古代祭祀或馈赠用的活牲畜。③稂莠（láng yǒu）：稂和莠，均是外表与禾苗相似，妨碍禾苗生长的杂草。

羵羊[1]

【原文】

季桓子穿井，得土缶，中有羊焉。使人问仲尼曰：“吾穿井获狗，何也？”仲尼曰：“以丘所闻者，羊也。”

非曰：君子于所不知，盖阙如也。孔氏恶能穷物怪之形也？是必诬圣人矣。史之记地坼犬出者有之矣。近世京兆杜济穿井获土缶，中有狗焉。投之于河，化为龙。

【注释】

①羵（fén）羊：传说中的地下怪物。

骨节专车　楛矢

【原文】

吴伐越，隳[1]会稽，获骨节专车。吴子使好来聘，且问之仲尼。仲尼曰：“丘闻之，昔禹致群臣于会稽之山，防风氏后至，禹杀而戮之。其骨节专车，此为大矣。”仲尼在陈，有隼集于陈侯之庭而死。楛[2]矢贯之，石砮[3]，其长尺有咫。陈惠公使人以隼如仲尼之馆问之。仲尼曰：“隼之来也远矣，此肃慎氏之矢也。”

非曰：左氏，鲁人也。或言事孔子，宜乎闻圣人之嘉言，为《鲁语》也，盍亦征其大者，书以为世法？今乃取辨大骨、石砮以为异，其知圣人也亦外矣。言固圣人之耻也。孔子曰：“丘少也贱，故多能鄙事。”

【注释】

①隳（huī）：毁坏。②楛（hù）：树木名。③石砮（nǔ）：用石头做的箭镞。

轻币

【原文】

天下诸侯知桓公之非为己动也，是故诸侯归之。桓公知诸侯之归己也，故使轻其币而重其礼。故天下诸侯罢马以为币，缕綦[①]以为奉，鹿皮四个。诸侯之使，垂櫜[②]而入，稇[③]载而归。

非曰：桓公之苟能吊天下之败，卫诸侯之地，贪强忌服，戎狄缩匿；君得以有其国，人得以安其堵，虽受赋于诸侯，乐而归之矣，又奚控焉？悉国之货以利交天下，若是耶，则区区齐人，恶足以奉天下？己之人且不堪矣，又奚利天下之能得？若竭其国，劳其人，抗其兵，以市伯名于天下，又奚仁义之有？予以谓桓公之伯不如是之弊也。

【注释】

①缕綦（lǚ qí）：用线织綦。②垂櫜（chuí tuó）：垂挂着空袋，也就是一无所有的意思。③稇（kǔn）：用绳索捆扎。

卜

【原文】

献公卜伐骊戎[①]，史苏占之曰：“胜而不吉。”

非曰：卜者，世之余伎也，道之所无用也。圣人用之，吾未之敢非。然而圣人之用也，盖以驱陋民也，非恒用而征信矣。尔后之昏邪者神之，恒用而征信焉，反以阻大事。要言，卜史之害于道也多，而益于道也少，虽勿用之可也。左氏惑于巫而尤神怪之，乃始迁就附益以成其说，虽勿信之可也。

【注释】

①骊戎：为古族名，属于古戎人，国君姬姓。大致在今陕西临潼一带。

郭偃

【原文】

郭偃[1]曰："夫口，三五之门也。是以谗口之乱，不过三五。"

非曰：举斯言而观之，则愚诬可见矣。

【注释】

①郭偃：春秋时期晋文公的宠臣，"郭偃之法"的开创者。

公子申生

【原文】

申生[1]曰："弃命不敬；作令不孝；间父之爱而嘉其贶，有不忠焉；废人以自成，有不贞焉。"

非曰：申生于是四者咸得焉。昔之儒者，有能明之矣，故予之辞也略。

【注释】

①申生：晋献公太子。

狐突

【原文】

公使太子伐东山，狐突[①]御戎。至于稷桑[②]，翟人出逆。申生欲战，狐突谏曰："不可。"申生曰："君之使我非欢也，抑欲测吾心也。不战而反，我罪兹厚；我战虽死，犹有名焉。"果战，败翟于稷桑而反，谗言益起。狐突杜门不出。君子曰："善深谋。"

非曰：古之所谓善深谋，居乎亲戚辅佐之位，则纳君于道；否则继之以死，唯己之义所在莫之失之谓也。今狐突，以位，则戎御也；以亲，则外王父也。申生之出，未尝不从，睹其将败而杜其门，则奸矣！而曰"善深谋"，则无以劝乎事君也已。丕郑曰："君为我心。"里克曰："中立。"晋无良臣，故申生终以不免。

【注释】

①狐突：春秋时期晋国大夫，姬姓，狐氏，字伯行。狐突是唐叔虞的后代，此人对事情非常有预见性。②稷桑：地名。

虢梦

【原文】

虢公梦在庙，有神面白毛、虎爪，执钺立于西阿之下。公觉，且使国人贺梦。舟之侨告诸其族曰："众谓虢不久，吾今知之。"以其族行，适晋。

非曰：虢，小国也而泰，以招大国之怒，政荒人乱，亡夏阳而不惧，而犹用兵穷武以增其仇怨，所谓自拔其本者。亡，孰曰不宜？又恶在乎梦也？舟之侨诚贤者欤？则观其政可以去焉。由梦而去，则吾笑之矣。

童谣

【原文】

献公问于卜偃曰："攻虢何月也？"对曰："童谣有之，曰丙之辰。"

非曰：童谣无足取者，君子不道也。

宰周公

【原文】

葵丘之会[①]，献公将如会，遇宰周公，曰："君可无会也。夫齐侯将施惠出责，是之不果，而暇晋是皇。"公乃还。宰孔曰："晋侯将死矣。景霍以为城，而汾、河、涑、浍以为渊，戎狄之民实环之，汪是土也，苟违其违，谁能惧之？"是岁，献公卒。

非曰：凡诸侯之会霸主，小国，则固畏其力而望其庥[②]焉者也；大国，则宜观乎义，义在焉则往，以尊天子，以和百姓。今孔之还晋侯也，曰"而暇晋是皇"，则非吾所陈者矣。又曰："汪是土也，苟违其违，谁能惧之？"则是恃乎力而不务乎义，非中国之道也。假令一失其道以出，而以必其死，为书者又从而征之，其可取乎？

【注释】

①葵丘之会：相传齐桓公曾在葵丘盟会诸侯。②庥（xiū）：庇荫，保护。

荀息

【原文】

里克欲杀奚齐，荀息曰："吾有死而已。先君问臣于我，我对以忠贞。”既杀奚齐，荀息将死之，人曰：“不如立其弟而辅之。”荀息立卓子。里克又杀卓子，荀息死之。君子曰：“不食其言矣。”

非曰：夫“忠”之为言，中也；“贞”之为言，正也。息之所以为者有是夫？间君之惑，排长嗣而拥非正，其于中正也远矣。或曰：“夫已死之不爱，死君之不欺也。抑其有是，而子非之耶？”曰：“子以自经于沟渎者举为忠贞也欤？”或者：“左氏、穀梁子皆以不食其言，不食其言，然则为信可乎？”曰：“又不可。不得中正而复其言，乱也，恶得为信？”曰：“孔父、仇牧，是二子类耶？”曰：“不类。”曰：“不类，则如《春秋》何？”曰：“《春秋》之类也，以激不能死者耳。孔子曰：‘与其进不保其往也。’《春秋》之罪许止也，隐忍焉耳。其类荀息也亦然，皆非圣人之情也。枉许止以惩不子之祸，进荀息以甚苟免之恶，忍之也。吾言《春秋》之情，而子征其文，不亦外乎？故凡得《春秋》者，宜是乎我也。此之谓信道哉！”

非国语下（三十六篇）

狐偃

【原文】

里克既杀卓子，使屠岸夷告重耳曰：“子盍入乎？”舅犯曰：“不可。”秦穆公使公子絷吊重耳曰：“时不可失。”舅犯曰：“不可。（云云。）”

非曰：狐偃之为重耳谋者，亦迂矣。国虚而不知入，以纵夷吾之昏殆，而社稷几丧。徒为多言，无足采者。且重耳，兄也；夷吾，弟也。重耳，贤也；夷吾，昧也。弟而味，入犹可终也；兄而贤者，又何栗焉？使晋国不顺而多败，百姓之不蒙福，兄弟为豺狼以相避于天下，由偃之策失也。而重耳乃始伥伥[①]焉游诸侯，阴蓄重利，以幸其弟死，独何心欤？仅能入，而国以霸，斯福偶然耳，非计之得也。若重耳早从里克、秦伯之言而入，则国可以无向者之祸，而兄弟之爱可全，而有分定焉故也。夫如是，以为诸侯之孝，又何戮笑于天下哉？

【注释】

①伥伥（chāng）：指不知所措的样子。

舆人诵

【原文】

惠公入而背内外之赂。舆人诵之曰："得之而狃[①]，终逢其咎；丧田不惩，祸乱其兴。"既，里、丕[②]死，公陨于韩。郭偃曰："善哉！夫众口，祸福之门也。"

非曰：惠公、里、丕之为也，则宜咎祸及之矣，又何以神众口哉？其曰"祸福之门"，则愈陋矣。

【注释】

①狃（niǔ）：沿用，拘泥。②丕：这里是人名。

葬恭世子

【原文】

惠公出恭世子而改葬之，臭[①]达于外。国人颂之曰："岁之二七，其靡有征兮。若翟公子，吾是之依兮；安抚国家，为王妃兮。"郭偃曰："十四年，君之家嗣其替乎？其数告于人矣。公子重耳其入乎？其魄兆于人矣。若入，必霸于诸侯，其光耿于民矣。"

非曰：众人者言政之善恶，则有可采者，以其利害也，又何以知君嗣二七之数与重耳之伯？是好事者追而为之，未必偃能征之也，况以是故发耶！

【注释】

①臰（chòu）：古同“臭”，臭味。

杀里克

【原文】

惠公既杀里克而悔之，曰：“芮也使寡人过杀社稷之镇。”郭偃闻之曰：“不谋而谏者，冀芮也，不图而杀者，君也。不谋而谏不忠，不图而杀不祥。不忠受君之罚，不祥罹天之祸。受君之罚死戮，罹天之祸无后。”

非曰：芮之陷杀克也，其不祥宜大于惠公。而异其辞，以配君罚天祸，皆所谓迁就而附益之者也。

获晋侯

【原文】

秦穆公归，至于王城，合大夫而谋曰：“杀晋君与逐出之，与以归与复之，孰利？”公子絷①曰：“杀之利。”公孙枝曰：“不可。”公子絷曰：“吾将以重耳代之。晋君之无道莫不闻，重耳之仁莫不知。杀无道，立有道，仁也。”公孙枝曰：“耻一国之士，又曰‘余纳有道以临汝’，无乃不可乎？不若以归，要晋国之成，复其君而质其适子，使子父代处秦，国可以无害。”

非曰：秦伯之不霸天下也，以枝之言也。且曰“纳有道以临汝”，何故不可？絷之言杀之也，则果而不仁；其言立重耳，则义而顺。当是时，天下之人君莫能宗周，而能宗周者则大国之霸基也。向使穆公既执晋侯，以告于王曰：“晋夷吾之无道莫不闻，重耳之仁莫不知，且又不顺，既讨而执之矣。”于是以王命黜夷吾而立重耳，咸告于诸侯曰：“吾讨恶而进仁，既得命于天子矣，吾将达公道于天下。”则天下诸侯无道者畏，有德者莫不皆知严恭欣戴而霸秦矣。周室虽卑，犹是王命，命穆公以为侯伯，则谁敢不服？夫如是，秦之所耻者亦大矣。弃至公之道，而不知求，姑欲离人父子，而要河东之赂，其舍大务小、违义从利也甚矣。霸之不能也以是夫！

【注释】

①絷（zhí）：本意是指用绳索绊住马脚。此处是人名。

庆郑

【原文】

丁丑，斩庆郑[1]，乃入绛。

非曰：庆郑误止公，罪死可也，而其志有可用者。坐以待刑，而能舍之，则获其用亦大矣。晋君不能由是道也，悲夫！若夷吾者，又何诛焉？

【注释】

①庆郑：春秋时晋国大夫。庆郑曾多次劝谏惠公，均得不到惠公的采纳，不得惠公重用。秦晋爆发韩原之战，庆郑出言讽谏惠公，最后被惠公处死。

乞食于野人

【原文】

文公在狄十二年，将适齐，行过五鹿，野人举块以与之。公子怒，欲鞭之。子犯曰："天赐也。人以土服，又何求焉？十有二年，必获此土。有此其以戊申云乎？"

非曰：是非子犯之言也，后之好事者为之。若五鹿之人献块，十二年以有卫土，则涓人[①]畴枕楚子以块，后十二年其复得楚乎？何没而不云也，而独载乎是？戊申之云，尤足怪乎！

【注释】

①涓人：古代宫中专门负责清扫的人。此指亲近的内侍。

怀嬴[①]

【原文】

秦伯归女五人，怀嬴与焉。

非曰：重耳之受怀嬴，不得已也。其志将以守宗庙社稷，阻焉，则惧其不克也。其取者大，故容为权可也。秦伯以大国行仁义交诸侯，而乃行非礼以强乎人，岂习西戎之遗风[②]欤？

【注释】

①怀嬴：秦穆公之女，嬴姓，其名不详，先后嫁给晋怀公和晋文公重耳。②遗风：指过去时代遗留下来的文化特点或风气。

筮

【原文】

公子亲筮之，曰："尚有晋国。"得贞《屯》[①]、悔《豫》[②]皆八。筮史占之，皆曰："不吉。"司空季子曰："吉。"

非曰：重耳虽在外，晋国固戴而君焉；又况夷吾死，圉也童昏以守内，秦、楚之大以翼之，大夫之强族皆启之，而又筮焉是问，则末矣。季子博而多言，皆不及道者也，又何载焉！

【注释】

①《屯》(zhūn)：指《周易》中的第三卦屯卦。屯，囤聚。屯卦的主卦是震卦，客卦是坎卦。屯卦意在提醒主方要耐心地积聚力量。②《豫》：《周易》六十四卦中的第十六卦。豫卦是吉卦。

董因[①]

【原文】

董因迎公于河，公问焉，曰："吾其济乎？"对曰："岁在大梁。"

非曰：晋侯之入，取于人事备矣，因之云可略也。大火、实沈之说赘矣。

【注释】

①董因：晋文公时期，晋国专职占卜的臣子。

命官

【原文】

胥、籍、狐、箕、栾、郄、柏、先、羊舌、董、韩，实掌近官[①]。诸姬之良，掌其中官。异姓之能，掌其远官。

非曰：官之命，宜以材耶？抑以姓乎？文公将行霸，而不知变是弊俗，以登天下之士，而举族以命乎远近，则陋矣。若将军大夫必出旧族，或无可焉，犹用之耶？必不出乎异族，或有可焉，犹弃之耶？则晋国之政可见矣。

【注释】

①"胥"句：晋国旧姓亲近朝廷的人。

仓葛

【原文】

周襄王避昭叔之难，居于郑地氾。晋文公迎王入于成周，遂定之于郏。王赐公南阳阳樊、温、原、州、陉、絺、鉏、攒茅之田。阳人不服，公围之，将残其民。仓葛呼曰："君补王阙，以顺礼也。阳人未狎君德而未敢承命，君将残之，无乃非礼乎？"公曰："是君子之言也。"乃出阳人。

非曰：于《周语》既言之矣，又辱再告而异其文，抑有异旨耶？其无乎，则耄[1]者乎？

【注释】

①耄（mào）：年迈，年龄约为八九十岁。

观状

【原文】

文公诛观状以伐郑。郑人以名宝行成，公弗许。郑人以詹与晋，晋人将烹之，詹曰："天降祸郑，使淫观状，弃礼违亲。"

非曰：观晋侯之状者，曹也。今于郑胡言之，则是多为诬者且耄，故以至乎是。其说者云："郑效曹也。"是乃私为之辞，不足以盖其误。

救饥

【原文】

晋饥，公问于箕郑曰："救饥何以？"对曰："信。"公曰："安信？"对曰："信于君心，信于名，信于令，信于事。"

非曰：信，政之常，不可须臾去之也，奚独救饥耶？其言则远矣。夫人之困在朝夕之内，而信之行在岁月之外。是道之常，非知变之权也。其曰“藏出如入”则可矣，而致之言若是远焉，何哉？或曰：“时之信未洽，故云以激之也。信之速于置邮，子何远之耶？”曰：夫大信去令，故曰信如四时恒也，恒固在久。若为一切之信，则所谓未孚者也。彼有激乎则可也，而以为救饥之道，则未尽乎术。

赵宣子

【原文】

赵宣子[①]言韩献子于灵公，以为司马。河曲之役[②]，赵孟使人以其乘车干行，献子执而戮之。

非曰：赵宣子不怒韩献子而又褒其能也，诚当。然而使人以其乘车干行，陷而至乎戮，是轻人之死甚矣！彼何罪而获是讨也？孟子曰：“杀一不辜而得天下，君子不为。”是所谓无辜也欤？或曰：“戮，辱也，非必为死。”曰：虽就为辱，犹不可以为君子之道。舍是其无以观乎？吾惧司马之以死讨也。

【注释】

①赵宣子，即赵盾，春秋时晋国大臣。赵盾曾辅佐多位君主，政绩显赫，被孔子誉为“良大夫”。②河曲之役：河曲之役是指周顷王四年（前615），晋秦两国争霸，晋、秦两军在河曲交战。

伐宋

【原文】

宋人杀昭公，赵宣子请师以伐宋。曰：“是反天地而逆民则也，天必诛焉。晋为盟主而不修天罚，将惧及焉。”

非曰：盟主之讨杀君也，宜矣。若乃天者，则吾焉知其好恶而暇征之耶！古之杀夺有大于宋人者，而寿考[①]佚乐[②]不可胜道，天之诛何如也？宣子之事则是矣，而其言无可用者。

【注释】

①寿考：长寿，年高。②佚乐：闲适安乐。

钼麑

【原文】

灵公虐，赵宣子骤谏。公患之，使钼麑[①]贼之。晨往，则寝门辟矣，盛服将朝，早而假寐。麑退而叹曰："赵孟敬哉！夫不忘恭敬，社稷之镇也。贼国之镇不忠，受命而废之不信。"触庭之槐而死。

非曰：麑之死善矣。然而赵宣子为政之良，谏君之直，其为社稷之卫也久矣，麑胡不闻之，乃以假寐为贤耶？不知其大而贤其小欤！使不及其假寐也，则固以杀之矣。是宣子大德不见赦，而以小敬免也。麑固贼之悔过者，贤可书乎？

【注释】

①钼麑（chú ní）：晋国有名的大力士。

祈死

【原文】

反自鄢，范文子谓其宗祝曰："君骄泰而有烈，吾恐及焉。凡吾宗祝为我祈死，先难为免。"七年夏，范文子卒。

非曰：死之长短而在宗祝，则谁不择良宗祝而祈寿焉？文子祈死而得，亦妄之大者。

长鱼矫

【原文】

长鱼矫[1]既杀三郤，乃胁栾、中行，公曰：“一旦而尸三卿，不可益也。”对曰：“乱在内为宄，在外为奸。御宄以德，御奸以刑。今治政而内乱，不可谓德；除鲠而避强，不可谓刑。德刑不立，奸宄并至。臣脆弱，不能忍俟也。”乃奔狄。三月，厉公杀。

非曰：厉公，乱君也；矫，乱臣也。假如杀栾书、中行偃，则厉公之敌益众，其尤可尽乎？今左氏多为文辞，以著其言而征其效，若曰矫知几者然，则惑甚也夫。

【注释】

①长鱼矫：春秋时期晋厉公的宠臣。长（zhǎng）鱼，复姓。

戮仆

【原文】

晋悼公四年，会诸侯于鸡丘。魏绛为中军司马。公子扬干乱行于曲梁，魏绛斩其仆。

非曰：仆，禀命者也。乱行之罪在公子。公子贵，不能讨，而禀命者死，非能刑也。使后世多为是以害无罪，问之，则曰魏绛故事，不亦甚乎！然则绛宜奈何？止公子以请君之命。

叔鱼生

【原文】

叔鱼生，其母视之曰：“必以贿死。”杨食我生，叔向之母闻其号也，曰：“终灭羊舌氏之宗。”

非曰：君子之于人也，听其言而观其行，犹不足以言其祸福，以其有幸有不幸也。今取赤子之形声，以命其死亡，则何耶？或者以其鬼事知之乎？则知之未必贤也。是不足书以示后世。

逐栾盈[1]

【原文】

平公六年，箕遗及黄渊、嘉父作乱，不克而死，公遂逐群贼，阳毕曰："君抡贤人之后，有常位于国者而立之；亦抡逞志亏君以乱国者之后而去之。"使祁午、阳毕适曲沃，逐栾盈。

非曰：当其时不能讨，后之人何罪？盈之始，良大夫也，有功焉，而无所获其罪。阳毕以其父杀君而罪其宗，一朝而逐之，激而使至乎乱也。且君将惧祸惩乱耶？则增其德而修其政，贼斯顺矣。反是，顺斯贼矣，况其胤之无罪乎？

【注释】

①栾盈：栾黡之子，栾书之孙。

新声

【原文】

平公说新声，师旷曰："公室其将卑乎？君之明兆于衰矣。"

非曰：耳之于声也，犹口之于味也。苟说新味，亦将卑乎？乐之说，吾于《无射》既言之矣。

射鹞[1]

【原文】

平公射鹞不死，使竖襄搏之，失。公怒，拘将杀之。叔向曰：“君必杀之。昔吾先君唐叔射兕于徒林，殪[②]，以为大甲。今君嗣吾先君，射鷃不死，搏之不得，是扬吾君之耻者也。君其必速杀之，勿令远闻。”君忸怩[③]于颜，乃趣舍之。

非曰：羊舌子以其君明暗何如哉？若果暗也，则从其言，斯杀人矣。明者固可以理谕，胡乃反征先君以耻之耶？是使平公滋不欲人谏己也。

【注释】

①鷃（yàn）：鷃雀。鹑类小鸟。②殪（yì）：杀死。③忸怩（niǔ ní）：形容羞愧或扭扭捏捏的样子。

赵文子

【原文】

秦后子来奔，赵文子曰：“公子辱于敝邑，必避不道也？”对曰：“有焉。”文子曰：“犹可以久乎？”对曰：“国无道而年谷和熟，鲜不五稔[①]。”文子视日，曰：“朝不及夕，谁能俟五？”后子曰：“赵孟将死矣。怠偷甚矣，非死逮之，必有大咎。”

非曰：死与大咎，非偷之能必乎尔也。偷者自偷，死者自死。若夫大咎者，非有罪恶，则不幸及之，偷不与也。左氏于《内传》曰：“人主偷必死。”亦陋矣。

【注释】

①稔（rěn）：年，年度。

医和

【原文】

平公有疾，秦景公使医和视之。赵文子曰：“医及国家乎？”对曰：“上医医国，其次疾人，固医官也。”文子曰：“君其几何？”对曰：“若诸侯服，不过三年；不服，不过十年。过是，晋之殃也。”

非曰：和，妄人也。非诊视攻熨[①]之专，而苟及国家，去其守以施大言，诚不足闻也。其言晋君曰：“诸侯服，不过三年；不服，不过十年。”凡医之所取，在荣卫合脉理也，然则诸侯服，则荣卫离、脉理乱，以速其死；不服，则荣卫和、脉理平，以延其年耶？

【注释】

①攻熨：指将药物炒热后敷患处，用来散寒止痛。

黄熊

【原文】

晋侯梦黄熊[①]入于寝门，子产曰：“鲧[②]殛于羽山，化为黄熊以入于羽渊，实为夏郊。”

非曰：鲧之为夏郊也，禹之父也，非为熊也。熊之说，好事者为之。凡人之疾，魄动而气荡，视听离散，于是寐而有怪梦，罔不为也，夫何神奇之有？

【注释】

①黄熊：古代传说中的兽名。②鲧（gǔn）：古人名，夏禹的父亲，因治水无功，被舜杀死在羽山。

韩宣子[①]忧贫

【原文】

韩宣子忧贫，叔向[②]贺之曰：“栾武子无一卒之田，行刑不疚，以免于难。及桓子骄泰奢侈，宜及于难，而赖武子之德，以没其身。及怀子改桓之行，修武子之德，而离桓子之罪，以亡于楚。”

非曰：叔向言贫之可以安，则诚然；其言栾书之德，则悖而不信。以下逆上，亦可谓行刑耶？前之言曰：栾书“杀厉公以厚其家”，今而曰“无一卒之田”；前之言曰“栾氏之诬晋国久矣”，用书之罪以逐盈，今而曰“离桓之罪，以亡于楚”，则吾恶乎信？且人之善恶，咸系其先人，己无可力者，以是存乎简策，是替教也！

【注释】

①韩宣子：晋国公族，姬姓，韩氏，名起。②叔向：晋国大夫，羊舌氏，名肸，字叔向。

围鼓

【原文】

中行穆子[①]帅师伐翟，围鼓。鼓人或请以城畔，穆子不受，曰：“夫以城来者，必将求利于我。夫守而二心，奸之大者也。”

非曰：城之畔而归己者有三：有逃暴而附德者，有力屈而爱死者，有反常以求利者。逃暴而附德者麻之，曰：德能致之也；力屈而爱死者，与之以不死，曰：力能加之也。皆受之。反常以求利者，德力无及焉，君子不受也。穆子曰：“夫以城来者，必将求利于我。”是焉知非向之二者耶？

【注释】

①中行穆子：指荀吴，荀偃之子，春秋后期晋国名将。

具敖

【原文】

范献子[①]聘于鲁，问具山、敖山，鲁人以其乡对。曰：

"不为具、敖乎？"曰："先君献、武之讳也。"献子归，曰："人不可以不学。吾适鲁而名其二讳，为笑焉，唯不学也。"

非曰：诸侯之讳，国有数十焉，尚不行于其国，他国之大夫名之，无惭焉可也。鲁有大夫公孙敖，鲁之君臣莫罪而更也，又何鄙野之不云具、敖？

【注释】

①范献子：指士鞅，其名范鞅，史称范献子，春秋后期晋国的政治家和外交家。

董安于

【原文】

下邑之役，董安于[①]多。简子赏之，辞曰："今一旦为狂疾，而曰必赏汝，是以狂疾赏也，不如亡。"趣而出，乃释之。

非曰，功之受赏也，可传继之道也。君子虽不欲，亦必将受之。今乃遁逃以自洁也，则受赏者必耻。受赏者耻，则立功者怠，国斯弱矣。君子之为也，动以谋国。吾固不悦董子之洁也。其言若怼焉，则滋不可。

【注释】

①董安于：字阏于，平阳翼城人，春秋时期晋国的建筑家和政治家。

祝融

【原文】

史伯曰："夫黎，为高辛氏火正，以淳燿敦大，天明地德，光照四海，故命之曰祝融[①]。其功大矣！夫成天地之大功者，其子孙未尝不彰，虞、夏、商、周是也。其后皆为王公侯伯。祝融亦能昭显天地之光明，以生柔嘉材者也。其后八姓，于周未有侯伯。佐制物于前代者，昆吾[②]为夏伯矣，大彭、豕韦为商伯矣。当周未有，融之兴者，其在芈姓乎？”

非曰：以虞、舜之至也，又重之以幕，能听协风以成乐物生，而其后卒以殄灭。武王继之以陈，覆坠之不暇。尧之时，祝融无闻焉。祝融之后，昆吾、大彭、豕韦，世伯夏、商。今史伯又曰“于周未有侯伯”，必在楚也。则尧、舜反不足祐耶？故凡言盛之及后嗣者皆勿取。

【注释】

①祝融：中国上古神话人物，火神。②昆吾：祝融之孙。

褒神

【原文】

桓公曰：“周其弊乎？”史伯对曰：“殆于必弊者也。今王弃高明昭显，而好谗慝[①]暗昧[②]，恶角犀丰盈，而近顽童穷固。训语有之，曰：‘夏之衰也，褒人之神化为二龙，以伺于王庭。’天之生此久矣，其为毒也大矣。申、缯、西戎方强，王欲杀太子以成伯服，必求之申，申人弗畀，必伐之。若伐申，而缯与西戎会以伐周，周不守矣。

非曰：史伯以幽王弃高明显昭，而好谗慝暗昧，近顽嚚穷固，黜太子以怒西戎、申、缯，于彼以取其必弊焉可也；而言褒神之流祸，是好怪者之为焉，非君子之所宜言也。

【注释】

①谗慝（chán tè）：进谗陷害。②暗昧：愚昧，昏庸。

嗜芰

【原文】

屈到嗜芰[①]。将死，戒其宗老曰："苟祭我，必以芰。"及祥，宗老将荐芰，屈建命去之，曰："国君有牛享，大夫有羊馈，士有豚犬之奠，庶人有鱼炙之荐。笾[②]豆脯醢[③]，则上下共之。不羞珍异，不陈庶侈，夫子其以私欲干国之典？"遂不用。

非曰：门内之理恩掩义。父子，恩之至也，而芰之荐不为愆义。屈子以礼之末，忍绝其父将死之言，吾未敢贤乎尔也。苟荐其羊馈，而进芰于笾，是固不为非。《礼》之言斋也，曰："思其所嗜。"屈建曾无思乎？且曰违而道，吾以为逆也。

【注释】

①嗜芰（shì jì）：喜欢菱。用以喻指喜欢不值得的东西。嗜：喜爱，特别喜好。芰：古时指菱，一种生在池沼中的草本植物，果实可吃。②笾（biān）：古代祭祀和宴会时盛果品等的竹器。③醢（hǎi）：一种酱，用肉、鱼等制成。

祀

【原文】

王曰："祀不可已乎？"对曰："祀所以昭孝[①]、息民、抚国家、定百姓，不可以已。夫民气纵则底，底则滞，滞久不振，生乃不殖。"

非曰：夫祀，先王所以佐教也，未必神之。今其曰"昭孝"焉，则可也；自"息民"以下，咸无足取焉尔。

【注释】

①昭孝：宣扬孝道。

左史倚相

【原文】

王孙圉[①]聘于晋，定公飨之。赵简子鸣玉以相，问于王孙圉曰："楚之白珩犹在乎？其为宝也几何矣？"对曰："未尝为宝。楚之所宝者，曰观射父，又有左史倚相，能使上下说于鬼神，顺道其欲恶，使神无有怨痛于楚国。"

非曰：圉之言楚国之宝，使知君子之贵于白珩可矣，而其云倚相之德者则何如哉？诚倚相之道若此，则觋[②]之妄者，又何以为宝？非可以夸于敌国。

【注释】

①王孙圉（yǔ）：春秋战国时楚国大夫。②觋（xí）：男巫。

伍员

【原文】

伍员伏剑而死[①]。

非曰：伍子胥者，非吴之昵亲也。其始交阖闾以道，故由其谋。今于嗣君已不合，言见进则谗者胜，国无可救者。于是焉，去之可也。出则以孥累于人，而又入以即死，是固非吾之所知也。然则员者果很人也欤？

【注释】

①"伍员"句：此事件发生在春秋时期。伍员，伍子胥。吴王夫差起兵攻打越国，后来答应了越国求和的请求，伍子胥进谏，夫差不理会。夫差又大举征伐齐国。伍子胥又进谏："昔日上天将越国送给吴国，大王却没有接受。现在征伐齐国，恐怕越国会趁机偷袭

我们。”夫差仍不理会，坚持伐齐，在艾陵大败齐国军队。凯旋后夫差审问伍子胥。伍子胥放下剑回答：“我不忍心谎称生病来逃避国家的灭亡，不忍心看见大王被越国俘虏，我请求先死。”于是就自杀了。后来越果然灭吴。

跋

【原文】

柳先生曰：“宋、卫、秦，皆诸侯之豪杰也。左氏忽弃不录其语，其谬耶？吴、越之事无他焉，举一国足以尽之，而反分为二篇，务以相乘，凡其繁芜曼衍者甚众，背理去道，以务富其语。凡读吾书者，可以类取之也。《越》之下篇尤奇峻，而其事多杂，盖非出于《左氏》。吾乃今知文之可以行于远也。以彼庸蔽奇怪之语，而黼黻[①]之，金石之，用震曜后世之耳目，而读者莫之或非，反谓之近经，则知文者可不慎耶？呜呼！余黜其不臧，以救世之谬，凡六十七篇。

【注释】

①黼黻（fǔ fú）：使华丽美好。

卷十三　碑

箕子碑

【原文】

凡大人之道有三：一曰正蒙难，二曰法授圣，三曰化及民。殷有仁人曰箕子，实具兹道，以立于世。故孔子述六经之旨，尤殷勤焉。

当纣之时，大道悖乱，天威之动不能戒，圣人之言无所用。进死以并命[①]，诚仁矣，无益吾祀故不为；委身以存祀，诚仁矣，与去吾国故不忍。具是二道，有行之者矣。是用保其明哲，与之俯仰；晦是谟范[②]，辱于囚奴，昏而无邪，隤而不息。故在《易》[③]曰“箕子之明夷”，正蒙难也。及天命既改，生人以正，乃出大法，用为圣师。周人得以序彝伦而立大典。故在《书》[④]曰“以箕子归，作《洪范》”，法授圣也。及封朝鲜，推道训俗，惟德无陋，惟人无远，用广殷祀[⑤]，俾夷为华，化及民也。率是大道，丛于厥躬，天地变化，我得其正，其大人欤？

於乎！当其周时未至，殷祀未殄[⑥]，比干[⑦]已死，微子[⑧]已去，向使纣恶未稔而自毙，武庚念乱以图存，国无其人，谁与兴理？是固人事之或然者也。然则先生隐忍而为此，其有志于斯乎？唐某年作庙汲郡，岁时致祀。嘉先生独列于《易》象，作是颂云：

蒙难以正，授圣以谟。宗祀用繁，夷民其苏。宪宪[⑨]大人，显晦不渝。圣人之仁，道合隆污。明哲在躬，不陋为奴。冲让居礼，不盈称孤。高而无危，卑不可逾。非死非去，有怀故都。时诎而伸，卒为世模。易象是列，文王为徒。大明宣昭，崇祀式孚。古阙颂辞，继在后儒。

【注释】

①并命：效命，拼命。②谟范（mó fàn）：谋略的法度、典范。③《易》：指《周易》。④《书》：指《尚书》。⑤殷祀：殷的祭祀之礼。⑥殄（tiǎn）：尽，绝。⑦比干：沫邑（今河南淇县）人，商代帝王文丁的次子。⑧微子：殷商贵族，其为周朝宋国的开国君主。⑨宪宪：兴盛的样子。

湘源二妃庙碑

【原文】

元和九年八月二十日，湘源二妃庙灾。司功[①]掾守令彭城刘知刚，主簿安邑卫之武，告于州刺史御史中丞清河崔公能。祇栗厥戒，会群吏洎[②]众工，发开元诏书，惧废守祀。搜考赢羡，均节委积[③]。咸执牍聿[④]，至于祠下。稽度既备，佣役惟时。斩木于上游，陶埴[⑤]于水涯，乃桴乃载，工逸事遂。作貌显严，粲然而威。十有一月庚辰，陈奠荐辞，立石于庙门之宇下。唯父子夫妇，人道之大。大哉二神，咸极其会。为子而父尧，为妇而夫舜。齐圣并明，弼成授受。内若嚚[⑥]瞽[⑦]，上承辉光。克艰以乂[⑧]，德罔不至。帝既野死[⑨]，神亦不返[⑩]。食于兹川，古有常典。殴祓[⑪]戾孽，恢宣淑灵。敢或失职，以奸大刑。有翼其恭，有苾[⑫]其馨。沉牲爰告[⑬]，即石是铭。铭曰：

渊懿承圣，舜妻尧女。德形妫汭[⑭]，神位湘浒。揆[⑮]兹有初，克硕厥宇。唐命秩祀[⑯]，兹邑攸主。毛牷既龋[⑰]，椒馨爰糈[⑱]。胤[⑲]于万年，期保伊祜[⑳]。潜火煽孽，炖于融风。神用播迁，时罔克龚。邑令群吏，告于君公。廉用积余，以就尔功。桴木负埴，载流于江。既夷以成，崇宇峻墉。洁严清间，左右率从。神乐来归，徒御雍雍[㉑]。神既安止，邦人载喜。奉其吉玉，以对嘉祉。南风湑湑[㉒]，湘水如舞。将子无欢，神听钟鼓。丰其交报，邦邑是与。刻此乐歌，以极终古。

【注释】

①司功：官职。②洎（jì）：连词，和。③委积：储备粮草。典故见于《周礼·地官》："遗人掌邦之委积，以待施惠。"④牍聿

(dú yù)：此处指书本。⑤埴（zhí）：黏土。⑥嚚（yín）：愚蠢。⑦瞽（gǔ）：盲人。⑧乂（yì）：治理，安定。⑨帝既野死：此典故见于《史记·五帝本纪》，其文记载，“（舜）南巡狩，崩于苍梧之野，葬于江南九疑，是为零陵”。⑩神亦不返：神仙也不能够把他的魂魄唤回来。⑪殴祓：驱除。祓（fú），古代用斋戒沐浴等方法来求福消灾，亦泛指扫除。⑫苾（bì）：芳香。⑬沉牲爰告：沉没牲畜以祷告、祭祀。典故出自《周礼》：“以狸沉祭山林川泽。”⑭妫汭：指妫水隈曲之处。妫（guī），水名。汭（ruì），河流会合之处或河流弯曲之地。⑮揆（kuí）：因为宰相位高权重，所以用来指宰相或指代与宰相的职位相当的官职名。⑯秩祀：根据礼来分等级举行祭祀典礼。⑰牷（quán）：纯色的祭牲。副（pì）：剖，破开。⑱糈（xǔ）：祭神用的精米。⑲胤（yìn）：后代。⑳祜（hù）：“福”的意思。㉑雍雍：指声音和谐。㉒湑湑（xǔ）：清风吹拂。

曹溪第六祖[1]赐谥大鉴禅师碑

【原文】

扶风公廉问岭南三年，以佛氏第六祖未有称号，疏闻于上。诏谥大鉴禅师，塔曰“灵照之塔”。元和十年十月十三日下尚书祠部，符到都府。公命部吏洎州司功掾，告于其祠。幢盖钟鼓，增山盈谷，万人咸会，若闻鬼神。其时学者千有余人，莫不欣踊奋厉，如师复生；则又感悼涕慕，如师始亡。因言曰：自有生物，则好斗夺相贼杀，丧其本实，悖乖淫流，莫克返于初。孔子无大位，没以余言持世，更杨、墨、黄、老益杂，其术分裂，而吾浮图说后出，推离还源，合所谓生而静者。梁氏好作有为，师达摩讥之，空术益显。六传至大鉴[2]。大鉴始以能劳苦服役，一听其言，言希以究，师用感动，遂受信具。遁隐南海上，人无闻知。又十六年，度其可行，乃居曹溪，为人师，会学去来尝数千人。其道以无为为有，以空洞为实，以广大不荡为归。其教人，始以性善，终以性善，不假耘锄，本其静矣。中宗闻名，使幸臣再征，不能致，取其言以为心术。其说具在，今布天下，凡言禅皆本曹溪。大鉴去世百有六年，凡治广部而以名闻者以十数，莫能揭其号。乃今始告天子，得大谥，丰佐吾道，其可无辞。

公始立朝，以儒重。刺虔州，都护安南，由海中大蛮夷，连身毒之西。浮舶听命，咸被公德。受旂[③]纛[④]节戟，来莅南海，属国如林。不杀不怒，人畏无噩，允克光于有仁。昭列大鉴，莫如公宜。其徒之老，乃易石于宇下，使来谒辞。其辞曰：

达摩乾乾[⑤]，传佛语心。六承其授，大鉴是临。劳勤专默，终揖于深。抱其信器，行海之阴。其道爰施，在溪之曹。庬[⑥]合猥附，不夷其高。传告咸陈，惟道之褒。生而性善，在物而具。荒流奔轶[⑦]，乃万其趣。匪思愈乱，匪觉滋误。由师内鉴，咸获于素。不植乎根，不耘乎苗。中一外融，有粹孔昭。在帝中宗，聘言于朝。阴翊王度，俾人逍遥。越百有六祀，号谥不纪。由扶风公告今天子，尚书既复，大行乃诔[⑧]。光于南土，其法再起。厥徒万亿，同悼齐喜。惟师教所被，洎扶风公所履，咸戴天子。天子休命，嘉公德美。溢于海夷，浮图是视。师以仁传，公以仁理。谒辞图坚，永胤不已。

【注释】

①六祖：指佛家禅宗的第六代祖师慧能。②六传至大鉴：六次传承才传到大鉴禅师。六传原意是传车六乘，在这里六传是指从达摩传慧可，慧可传璨，璨传道信，道信传弘忍，弘忍传慧能，经过

了六次传承。③旂（qí）：古代一种有铃铛的旗子。④纛（dào）：古代用毛羽制成的舞具或帝王车舆上的饰物。⑤乾乾：不息的样子。⑥厖（máng）：有，拥有。⑦奔轶：形容跑得飞快，极速前进。⑧诔（lěi）：古代叙述死者生平的一种形式，一般是上对下表示哀悼。

唐故特进赠开府仪同三司扬州大都督南府君睢阳庙碑并序

【原文】

急病让夷[1]义之先。图国忘死[2]贞之大。利合而动，乃市贾之相求；恩加而感，则报施之常道。睢阳所以不阶王命，横绝凶威，超千祀而挺生，奋百代而特立者也。

时惟南公，天与拳勇[3]，神资机智，艺穷百中[4]，豪出千人。不遇兴词，郁龙眉[5]之都尉；数奇见惜，挫猿臂[6]之将军。

天宝末，寇剧凭陵，骤突河、华。天旋亏斗极之位，地圮[7]积狐狸之穴。亲贤在庭，子骏[8]陈谟以佐命；元老用武，夷甫[9]委师而劝进。惟公与南阳张公巡、高阳许公远，义气悬合，讦[10]谋大同。誓鸠武旅，以遏横溃。裂裳[11]而千里来应，左袒而一呼皆至[12]。柱厉[13]不知而死难，狼瞫见黜而奔师[14]。忠谋朗然，万夫齐力。公以推让，且专奋击，为马军兵马使。出战则群校同强，入守而百雉[15]齐固。初据雍丘，谓非要害；将保江、淮之臣庶，通南北之奏复，拔我义类[16]，扼于睢阳。前后捕斩要遮，凶气连沮。汉兵已绝，守疏勒而弥坚；虏骑虽强，顿盱眙而不进[17]。

贼徒乃弃疾于我，悉众合围。技虽穷于九攻[18]，志益专于三板[19]。偪阳[20]悬布之劲，洴城凿穴之奇[21]。息意牵羊，羞郑师之大临[22]；甘心易子[23]，鄙宋臣之病告。诸侯环顾而莫救，国命阻绝而无归。以有尽之疲人，敌无已之强寇。公乃跃马溃围，驰出万众，抵贺兰进明乞师。进明乃张乐侑食，以好聘待之。公曰："弊邑父子相食，而君辱以燕礼，独何心欤？"乃自噬其指曰："啖此足矣！"遂恸哭而返，即死孤城。首碎秦庭[24]，终懵《无衣》之赋[25]；身离楚野，徒伤带剑之辞[26]。至德二年十月，城陷遇害。无傅燮[27]之叹息，有周苛[28]之慷慨。闻义能徙[29]，果其初心。烈士抗词，痛臧洪[30]之同日；直臣致愤，惜蔡恭于累旬[31]。

朝廷加赠特进扬州大都督，定功为第一等，与张氏、许氏并立庙睢阳，岁时致祭。男在襁褓[32]，皆受显秩，赐之土田。葬刻鲍信[33]之形，陵图庞德[34]之状。纳宦其子，见勾践之心[35]；羽林字孤，知孝武之志[36]。举门关于周典[37]，征印绶于汉仪。王猷以光，宠锡斯备。

於戏！睢阳之事，不唯以能死为勇，善守为功。所以出奇以耻敌，立懂[38]以怒寇，俾其专力于东南，而去备于西北，力专则坚城必陷，备去则天讨可行。是故即城陷之辰，为克敌之日。世徒知力保于江、淮，而不知功靖乎丑虏。论者或未之思欤！

公讳霁云，字某，范阳人。有子曰承嗣，七岁为婺州别驾，赐绯鱼袋，历刺施、涪二州。服忠思孝，无替负荷。惧祠宇久远，德音不形，愿斫坚石，假辞纪美。惟公信以许其友，刚以固其志，仁以残其肌，勇以振其气，忠以摧其敌，烈以死其事，出乎内者合于贞，行乎外者贯于义，是其所以奋百代而超千祀者矣。其志不亦宜乎？庙貌斯存，碑表攸托。洛阳城下，思乡之梦傥来[39]；麒麟阁中，即图之词可继。铭曰：

贞以图国，义惟急病。临难忘身，见危致命。汉宠死事，周崇死政。烈烈南公，忠出其性。控扼地利，奋扬兵柄。东护吴、楚，西临周、郑。棼棼[40]群凶，害气弥盛。长蛇封豕[41]，踊跃不定。屹彼睢阳，制其要领。横溃不流，疾风斯劲。梯冲外舞，缶穴中侦。铃马非艰，析骸犹竞。浩浩列士，不闻济师。兵食歼焉，守逾三时。公奋其勇，单车载驰。投躯无告，噬指而归。力穷就执，犹抗其辞。圭璧可碎，坚贞不亏。寇力东尽，凶威西惡。孤城既拔，渠魁受戮。雷霆之诛，由我而速。巢穴之固，由我而覆。江、汉、淮、湖，群生咸育。倬焉勋烈，孰与齐躅？天子震悼，陟是元功。旌褒有加，命秩斯崇。位尊九牧，礼视三公。建兹祠宇，式是形容。牲牢伊硕，黍稷伊丰。虔虔孝嗣，望慕无穷。刊碑河浒，万古英风。

【注释】

①急病让夷：指将难题留给自己，将方便让给别人。语出《国语·鲁语上》："臧文仲曰：'贤者急病而让夷，居官者当事不避难。'" ②图国忘死：维护国家利益而忘却自己的生死，是对精忠报国的一种诠释。图国，谋求报国。出自《左传·昭公元年》，"赵孟闻之，曰：'临患不忘国，忠也；思难不越官，信也；图国忘死，贞也；谋主三者，义也。'" ③拳勇：勇力，勇武。④"神资"二句：天资机敏，技艺超群，百发百中。神资，天资、禀赋。机智，机敏聪颖。百中，百发百中。⑤尨（méng）眉：眉毛斑白。形容年老。⑥猿臂：臂长如猿，可以运转自如。据《史记·李将军列传》记载，"广为人长，猿臂，其善射亦天性也"，如淳解释说："臂如猿，通肩。" ⑦圮（pǐ）：倒塌，毁灭，形容山上寸草不生。⑧子骏：指刘歆。辅佐王莽，官至国师。⑨夷甫：指王衍。其人善于交谈，宅心忠厚，闻名一世，有很多朝野之士慕名效仿他。⑩讦（xū）：大。⑪裂

裳：撕裂衣裳。此典故出自《文选》："脱耒为兵，裂裳为旗。" ⑫"左袒"句：露出左臂，一呼百应。左袒，褪左袖，露出左臂。典故出自《汉书·文帝纪》："太尉以一节入北军，一呼，士皆袒左，为刘氏，畔诸吕，卒以灭之。" ⑬柱厉：柱厉叔，春秋莒国敖公时期的史官。其眼界十分开阔，敢于直谏但始终不得莒敖公的赏识。⑭"狼瞫"句：狼瞫见将被罢免，选择投奔其他军队。狼瞫（shěn），春秋时期晋国人，为人刚直勇武。此典故见于《左传》。 ⑮百雉：指城市。 ⑯义类：善人。 ⑰"顿盱眙"句：停留在盱眙而不前进。此典故记载于《南史》。盱眙（xū yí），地名，在江苏省西部。 ⑱九攻：多次攻击。此典故见于《吕氏春秋》。 ⑲三板：古代筑墙、砌坟所用的板，每块高二尺，三板即为六尺。此典故见于《史记·赵世家》。 ⑳偪（bī）阳：地名，在今山东枣庄南面。 ㉑"汧城"句：汧城挖洞而居，十分神奇。汧（qiān）城，今陕西。凿，打孔、挖洞。㉒"息意牵羊"句：息意，不再有意、绝意。此故事记载于《左传·宣公十二年》："楚人伐郑，国人大临，守陴者皆哭。三月，楚克郑，郑伯肉袒牵羊以逆。" ㉓易子：交换子女。典故源于《左传·宣公十五年》，春秋时期，楚国出兵包围宋国，宋国城内没有粮食供给，为了活命，百姓相互商定交换对方的孩子作为食物来果腹。后借此典来形容天灾人祸下灾民苦不堪言的生活。 ㉔秦庭：指秦朝，亦借指秦地长安。 ㉕《无衣》之赋：春秋末期，吴国攻破楚国郢都，楚大夫申包胥乞求秦国帮助而秦不允，他便靠着墙恸哭七日而未曾食一餐、饮一滴水。秦哀公大受感动，赋《无衣》诗并出兵相助。事见《左传·定公四年》。后以"无衣之赋"为出兵援助、同仇敌忾的典故。 ㉖"身离"二句：楚野，指楚地原野。此典故见于《楚辞·九歌·国殇》："带长剑兮挟秦弓，首身离兮心不惩。" ㉗傅燮：东汉大臣，字南容，北地灵州（今宁夏吴忠）人。 ㉘周苛：秦汉时期沛县人，辅佐刘邦起义，后为刘邦的御史大夫。 ㉙闻义能徙：听到符合自己所向往的道义的事就努力去成就。闻，听到。义，义气。徙，迁移。典出《论语·述而》："德之不修，学之不讲，闻义不能徙，不善不能改，是吾忧也。" ㉚臧洪：字子原，被袁绍所杀。㉛"直臣"句：直臣，直言谏诤的臣子，此处指的是南朝著名文学家任昉。累旬，数旬。此典故见于《梁典》。㉜襁褓：这里指给婴儿用的衣物。㉝鲍信：东汉末年为济北相，讨伐董卓的十八路诸侯之一，泰山平阳（今山东新泰）人。㉞庞德：字令明，东汉末年名将。㉟"纳宦其子"二句：教习一些孤寡废疾之人的孩子，足见勾践的别有用心。纳宦，授官。此典故见于《越语》。㊱羽林字孤：汉武帝组建羽林骑，挑选那些战死将士的后代，在羽林传授五兵的技艺，培养他们的才能，这类人被称为"羽林孤儿"。此事记载于《汉书·百官表》。㊲"举门关"句：门关，出入必经的国门、关门。周典，周代的典章制度。此典故出自《周礼·司门职》，其文云："凡财物犯禁者举之，以其财养死政之老与其孤……"又《遗人》云："掌门关之委积，以养老孤。" ㊳懄（qín）：勇敢。㊴"思乡"句：偶尔会出现思乡的梦。傥来，意外而来，偶然所得。㊵婪婪：贪婪而不满足。㊶长蛇封豕：长蛇和大猪，用来指贪暴者。此典出《左传》："吴为封豕、长蛇，以荐食上国。"封，大。